Sabors d'Àsia 2023

Plats tradicionals i moderns per gaudir de la diversitat culinària d'Àsia

Anna Chen

Contingut

Pollastre amb cansalada *10*
Xips de pollastre i plàtan *11*
Pollastre amb gingebre i bolets *12*
pollastre i pernil *14*
Fetge de pollastre a la planxa *15*
Boles de cranc amb castanya d'aigua *16*
dim sum *17*
Rotllets de pernil i pollastre *18*
Torsió de pernil al forn *19*
Peix fumat artificialment *20*
bolets farcits *22*
Xampinyons amb salsa d'ostres *23*
Rotllets de porc i amanida *24*
Mandonguilles de porc i castanyes *26*
panets de porc *27*
Gambes amb salsa de litxi *29*
Gambes fregides amb mandarines *31*
Gambes amb mangeut *32*
Gambes amb bolets xinesos *34*
Saltejar les gambes i els pèsols *35*
Gambes amb ajvar de mango *36*
Camerun a Pequín *38*
Gambes amb pebre vermell *39*
Gambes fregides amb carn de porc *40*
Gambes fregides amb salsa de xerès *42*
Gambes fregides amb sèsam *44*
Gambes fregides a la closca *45*
gambes fregides *46*
Tempura de gambes *47*
Pneumàtic *48*
Gambes amb tofu *50*
Gambes amb tomàquet *51*
Gambes amb salsa de tomàquet *52*

Gambes amb tomàquet i salsa de xile	53
Gambes fregides amb salsa de tomàquet	54
Gambes amb verdures	56
Gambes amb castanyes d'aigua	57
wontons de gambes	58
Abalone amb pollastre	59
abaló amb espàrrecs	60
Abalón amb bolets	62
Abalone amb salsa d'ostres	62
marisc al vapor	63
Entrepà amb brots de soja	65
Entrepà amb gingebre i all	66
cloïsses fregides	67
pastissos de cranc	68
crema de cranc	69
Carn de cranc inflat xinesa	70
Cranc Foo Yung amb brots de soja	71
Cranc amb gingebre	72
Cranc Lo Mein	73
Cranc fregit amb carn de porc	75
Carn de cranc arrebossat	76
boletes de calamar fregides	77
Llagosta de Cantonesa	78
llamàntol fregit	80
Llagosta al vapor amb pernil	81
Llagosta amb bolets	82
Cues de llamàntol amb carn de porc	83
llamàntol fregit	85
niu de llagosta	86
Musclos en salsa de mongetes negres	87
Musclos amb gingebre	88
musclos al vapor	89
ostres fregides	90
ostres amb cansalada	91
Ostres fregides amb gingebre	92
Ostres amb salsa de mongetes negres	93

Vieiras amb brots de bambú 94
vieires amb ou 96
vieires amb bròquil 97
Vieiras amb gingebre 99
Vieiras amb pernil 100
Ous remenats amb vieires i herbes 101
Vieiras i ceba fregida 102
Vieiras amb verdures 103
Vieiras amb pebre vermell 105
Calamars amb brots de soja 106
calamars fregits 107
paquets de calamars 107
rotllos de calamars fregits 109
Calamars fregits 112
Calamars amb bolets secs 113
Calamars amb verdures 114
Carn bullida amb anís 115
vedella amb espàrrecs 116
Carn amb brots de bambú 118
Carn amb brots de bambú i bolets 119
Carn rostida xinesa 121
Carn de brot de soja 121
Carn de vedella amb bròquil 123
Carn amb sèsam i bròquil 124
Carn de vaca 126
Carn de vedella cantonesa 127
vedella amb pastanaga 128
Carn amb anacards 129
Guisat de carn per a cocció lenta 130
Carn amb coliflor 131
Vedella amb api 132
Llesques de carn fregida amb api 133
Carn de vedella ratllada amb pollastre i api 134
Carn de vedella amb Xile 136
Carn amb col xinesa 138
Suey de vedella 139

Vedella amb cogombres ... 141
Chow Mein de vedella ... 142
filet de cogombre ... 144
curry de vedella rostida ... 145
Truita de pernil i castanyes ... 147
truita de llamàntol ... 148
truita d'ostres ... 149
truita de gambes ... 150
Truita de vieires ... 151
Pastís d'ou amb tofu ... 152
Truita de porc farcida ... 153
Tortilla farcida de gambes ... 154
Truites al vapor amb farciment de pollastre ... 155
creps d'ostres ... 156
Pancakes de gambes ... 157
Ous remenats xinesos ... 158
Ous remenats amb peix ... 159
Ous remenats amb bolets ... 160
Ous remenats amb salsa d'ostres ... 161
Ous remenats amb carn de porc ... 162
Ous remenats amb carn de porc i gambes ... 163
Ous remenats amb espinacs ... 164
Ous remenats amb cibulet ... 165
Ous remenats amb tomàquet ... 166
Ous remenats amb verdures ... 167
Souffles de pollastre ... 168
suflé de cranc ... 169
Soufflé de cranc i gingebre ... 170
Soufflé de peix ... 171
Soufflé de gambes ... 172
Soufflé de gambes amb brots de soja ... 173
Soufflé de verdures ... 174
Ou Foo Yung ... 175
Ou ferrat Foo Yung ... 176
Cranc Foo Yung amb bolets ... 177
Ous de pernil Foo Yung ... 178

Ou de porc fregit Foo Yung *179*
Ou de porc i gambes Foo Yung *180*
arròs blanc *181*
arròs integral cuit *181*
Arròs amb carn *182*
Arròs de fetge de pollastre *183*
Arròs amb pollastre i bolets *184*
Arròs de coco *185*
Arròs amb carn de cranc *186*
Arròs amb mongetes *187*
arròs amb pebre *188*
Arròs amb ou cuit *189*
Arròs a l'estil de Singapur *190*
Arròs lent per al vaixell *191*
arròs al vapor *191*
Arròs fregit *192*
arròs fregit amb ametlles *193*
Arròs fregit amb cansalada i ou *195*
Arròs fregit amb carn *196*
Arròs fregit amb carn picada *197*
Arròs fregit amb carn i ceba *198*
pollastre amb arròs *199*
Arròs fregit d'ànec *200*
arròs de pernil *201*
Arròs amb pernil i brou *202*
arròs fregit de porc *203*
Arròs fregit amb porc i gambes *204*
Arròs fregit amb gambes *205*
arròs fregit i mongetes *206*
Arròs fregit amb salmó *207*
Arròs fregit especial *208*
Deu arrossos preciosos *209*
Arròs fregit amb tonyina *211*
fideus d'ou cuit *212*
fideus d'ou al vapor *213*
fideus torrats *214*

fideus fregits	*215*
Fideus suaus fregits	*216*
fideus fregits	*217*
fideus freds	*218*
cistelles per a fideus	*219*
creps de macarrons	*220*

Pollastre amb cansalada

per a 4 persones

225 g / 8 oz de pollastre, a rodanxes molt fines
75 ml / 5 cullerades de salsa de soja
15 ml / 1 cullerada de vi d'arròs o xerès sec
1 gra d'all triturat
15 ml / 1 cullerada de sucre moreno
5 ml / 1 culleradeta de sal
5 ml / 1 culleradeta d'arrel de gingebre mòlta
225 g / 8 oz de cansalada magra, tallada a daus
100 g / 4 oz de castanyes d'aigua, a rodanxes molt fines
30 ml / 2 cullerades de mel

Col·loqueu el pollastre en un bol. Barrejar 45 ml / 3 cullerades de salsa de soja amb vi o xerès, all, sucre, sal i gingebre, abocar sobre el pollastre i deixar marinar unes 3 hores. Poseu el pollastre, la cansalada i les castanyes a la broqueta de kebab. Barregeu la resta de la salsa de soja amb mel i repartiu-la sobre els kebabs. Enforneu (rossin) a una graella calenta durant uns 10 minuts fins que estiguin cuits, girant-los sovint i cobrint-los amb més esmalt a mesura que es couen.

Xips de pollastre i plàtan

per a 4 persones

2 pits de pollastre bullits

2 plàtans ferms

6 llesques de pa

4 ous

120 ml / 4 fl oz / ¬Ω tassa de llet

50 g / 2 oz / ¬Ω tassa de farina per a tot ús

225 g / 8 oz / 4 tasses de pa ratllat

oli per fregir

Talleu el pollastre en 24 trossos. Peleu els plàtans i talleu-los longitudinalment a quarts. Talleu cada quart en terços per fer 24 peces. Talleu l'escorça del pa i talleu-lo a quarts. Batre els ous i la llet i arrebossar un costat del pa. Col·loqueu un tros de pollastre i un tros de plàtan al costat raspallat amb ou de cada pa. Submergeix lleugerament els quadrats en farina, després submergeix-los amb ou i enrotlla'ls per pa ratllat. Torneu a submergir l'ou i el pa ratllat. Escalfeu l'oli i fregiu diversos quadrats alhora fins que estiguin daurats. Escórrer sobre paper de cuina abans de servir.

Pollastre amb gingebre i bolets

per a 4 persones

225 g de pit de pollastre

5 ml / 1 culleradeta de cinc espècies en pols

15 ml / 1 cullerada de farina per a tot ús

120 ml / 4 fl oz / ½ tassa d'oli de cacauet (cacauets)

4 escalunyes, tallades per la meitat

1 gra d'all, tallat a rodanxes

1 rodanxa d'arrel de gingebre, picada

25 g / 1 oz / ¼ tassa d'anacards

5 ml / 1 culleradeta de mel

15 ml / 1 cullerada de farina d'arròs

75 ml / 5 cullerades de vi d'arròs o xerès sec

100 g / 4 oz de bolets, a quarts

2,5 ml / ½ culleradeta de cúrcuma

6 pebrots grocs, tallats per la meitat

5 ml / 1 culleradeta de salsa de soja

½ suc de llimona

sal i pebre

4 fulles d'enciam cruixent

Talleu el pit de pollastre en diagonal a través del gra a tires fines. Espolvoreu amb cinc espècies i empolseu lleugerament amb farina. Escalfeu 15 ml / 1 cullerada d'oli i fregiu el pollastre fins que estigui daurat. Retirar de la nevera. Escalfeu una mica més d'oli i sofregiu escalunyes, all, gingebre i anacards durant 1 minut. Afegiu la mel i remeneu fins que les verdures estiguin cobertes. Espolvorear amb farina i afegir vi o xerès. Afegiu-hi els bolets, la cúrcuma i el pebre i deixeu-ho coure 1 minut. Afegiu el pollastre, la salsa de soja, el suc de mitja llimona, sal i pebre i escalfeu. Retirar del recipient i mantenir calent. Escalfeu una mica més d'oli, afegiu-hi fulles d'enciam i fregiu ràpidament, rectifiqueu de sal i pebre i el suc de llima restant.

pollastre i pernil

per a 4 persones

225 g / 8 oz de pollastre, a rodanxes molt fines
75 ml / 5 cullerades de salsa de soja
15 ml / 1 cullerada de vi d'arròs o xerès sec
15 ml / 1 cullerada de sucre moreno
5 ml / 1 culleradeta d'arrel de gingebre mòlta
1 gra d'all triturat
225 g/8 oz de pernil cuit, tallat a daus
30 ml / 2 cullerades de mel

Poseu el pollastre en un bol amb 45 ml / 3 cullerades de salsa de soja, vi o xerès, sucre, gingebre i all. Deixar marinar 3 hores. Enfileu el pollastre i el pernil a les broquetes de kebab. Barregeu la resta de la salsa de soja amb mel i repartiu-la sobre els kebabs. Enforneu (rossin) a una graella calenta durant uns 10 minuts, girant-los sovint i cobrint-los amb esmalt mentre es couen.

Fetge de pollastre a la planxa

per a 4 persones

450 g / 1 lliura de fetge de pollastre

45 ml / 3 cullerades de salsa de soja

15 ml / 1 cullerada de vi d'arròs o xerès sec

15 ml / 1 cullerada de sucre moreno

5 ml / 1 culleradeta de sal

5 ml / 1 culleradeta d'arrel de gingebre mòlta

1 gra d'all triturat

Coure els fetges de pollastre en aigua bullint durant 2 minuts i escorreu-los bé. Col·loqueu en un bol amb la resta dels ingredients excepte l'oli i deixeu-ho marinar unes 3 hores. Enfileu els fetges de pollastre a les broquetes per als kebabs i feu-los a la graella (rostits) a una graella calenta durant uns 8 minuts fins que estiguin daurats.

Boles de cranc amb castanya d'aigua

per a 4 persones

450 g / 1 lliura de carn de cranc, picada

100 g / 4 oz de castanyes d'aigua, picades

1 gra d'all triturat

1 cm/¬Ω arrel de gingebre, a rodanxes, mòlta

45 ml / 3 cullerades de farina de blat de moro (midó de blat de moro)

30 ml / 2 cullerades de salsa de soja

15 ml / 1 cullerada de vi d'arròs o xerès sec

5 ml / 1 culleradeta de sal

5 ml / 1 culleradeta de sucre

3 ous batuts

oli per fregir

Barregeu tots els ingredients menys l'oli i formeu boles. Escalfeu l'oli i fregiu les boletes de cranc fins que estiguin daurades. Escorreu bé abans de servir.

dim sum

per a 4 persones

100 g / 4 oz de gambes pelades, tallades

225 g / 8 oz de carn de porc magra, tallada finament

50 g / 2 oz de bok choy, picat finament

3 cebolletes (cebolletes), picades

1 ou batut

30 ml / 2 cullerades de farina de blat de moro (midó de blat de moro)

10 ml / 2 culleradetes de salsa de soja

5 ml / 1 culleradeta d'oli de sèsam

5 ml / 1 culleradeta de salsa d'ostres

24 pells wonton

oli per fregir

Barrejar les gambes, la carn de porc, la col i el cibulet. Barreja l'ou, la farina de blat de moro, la salsa de soja, l'oli de sèsam i la salsa d'ostres. Aboqueu la barreja al centre de cada closca de wonton. Premeu suaument l'embolcall al voltant del farcit, unint les vores però deixant la part superior oberta. Escalfeu l'oli i fregiu les carns fumades unes quantes a la vegada fins que estiguin daurades. Escorreu bé i serviu calent.

Rotllets de pernil i pollastre

per a 4 persones

2 pits de pollastre

1 gra d'all triturat

2,5 ml / ¬Ω culleradeta de sal

2,5 ml / ¬Ω culleradeta de cinc espècies en pols

4 llesques de pernil cuit

1 ou batut

30 ml / 2 cullerades de llet

25 g / 1 oz / ¬° tassa de farina per a tot ús

4 crostes d'ou

oli per fregir

Talleu el pit de pollastre per la meitat. Tritureu-los fins que quedin ben prims. Barregeu l'all, la sal i la pols de cinc espècies i espolseu-hi el pollastre. Poseu una llesca de pernil a cada tros de pollastre i enrotlleu-ho bé. Barrejar l'ou i la llet. Enfarineu lleugerament els trossos de pollastre i submergiu-los a la barreja d'ou. Col·loqueu cada mos a l'escorça del rotllo d'ou i raspalleu les vores amb ou batut. Doblegueu els costats i enrotlleu-los, pessigant les vores per daurar-los. Escalfeu l'oli i fregiu els panets durant uns 5 minuts fins que estiguin daurats i cuits.

Escórrer sobre paper de cuina i tallar en diagonal a rodanxes més gruixudes per servir.

Torsió de pernil al forn

per a 4 persones

350 g / 12 oz / 3 tasses de farina per a tot ús
175 g / 6 oz / ¬œ tassa de mantega
120 ml / 4 fl oz / ¬Ω tassa d'aigua
225 g de pernil picat
100 g / 4 oz de brots de bambú, picats
2 cebolletes (cebolletes), picades
15 ml / 1 cullerada de salsa de soja
30 ml / 2 cullerades de llavors de sèsam

Poseu la farina en un bol i fregueu-la amb la mantega. Barrejar amb aigua per formar una pasta. Estireu la massa i talleu-la en cercles de 5/2 cm, barregeu tots els altres ingredients menys les llavors de sèsam i poseu-hi una cullerada a cada cercle. Pinteu les vores de la massa amb aigua i segellar. Raspallar l'exterior amb aigua i espolvorear amb llavors de sèsam. Coure al forn preescalfat a 180 C / 350 F / marca de gas 4 durant 30 minuts.

Peix fumat artificialment

per a 4 persones

1 llobarro

3 rodanxes d'arrel de gingebre a rodanxes

1 gra d'all triturat

1 cebolleta (ceba), tallada a rodanxes gruixudes

75 ml / 5 cullerades de salsa de soja

30 ml / 2 cullerades de vi d'arròs o xerès sec

2,5 ml / ¬Ω culleradeta d'anís mòlt

2,5 ml / ¬Ω culleradeta d'oli de sèsam

10 ml / 2 culleradetes de sucre

120 ml / 4 fl oz / ¬Ω tasses de sopa

oli per fregir

5 ml / 1 culleradeta de farina de blat de moro (midó de blat de moro)

Talleu i talleu el peix a rodanxes de 5 mm (¬° polzades) a través del gra. Barregeu el gingebre, l'all, el cibulet, 60 ml/4 cullerades de salsa de soja, xerès, anís i oli de sèsam. Abocar el peix per sobre i barrejar suaument. Deixar reposar 2 hores, girant de tant en tant.

Escorreu la marinada a la paella i assequeu el peix sobre paper de cuina. Afegiu el sucre, el brou i la salsa de soja restant a la marinada, porteu-ho a ebullició i deixeu-ho coure durant 1 minut. Si necessiteu espessir la salsa, barregeu la maizena amb una mica d'aigua freda, remeneu-hi la salsa i deixeu-ho coure, remenant, fins que la salsa espesseixi.

Mentrestant, escalfeu l'oli i fregiu el peix fins que estigui daurat. Assecar bé. Submergeix els trossos de peix a la marinada i posa-los al foc. Serviu calent o fred.

bolets farcits

per a 4 persones

12 tapes grans de bolets secs

225 g / 8 oz de carn de cranc

3 castanyes d'aigua picades

2 caps de ceba vermella (envàs), tallats finament

1 clara d'ou

15 ml / 1 cullerada de farina de blat de moro (midó de blat de moro)

15 ml / 1 cullerada de salsa de soja

15 ml / 1 cullerada de vi d'arròs o xerès sec

Remullar els bolets en aigua tèbia durant la nit. Assecar. Barregeu la resta d'ingredients i feu servir-los per omplir els taps de bolets. Ho posem a la planxa i ho deixem coure al vapor durant 40 minuts. Servir calent.

Xampinyons amb salsa d'ostres

per a 4 persones

10 bolets xinesos secs
250 ml / 8 fl oz / 1 tassa de brou de vedella
15 ml / 1 cullerada de farina de blat de moro (midó de blat de moro)
30 ml / 2 cullerades de salsa d'ostres
5 ml / 1 culleradeta de vi d'arròs o xerès sec

Remullar els bolets en aigua tèbia durant 30 minuts, després escórrer, reservant 250 ml / 8 fl oz / 1 tassa del líquid de remull. Descartar les tiges. Barregeu 60 ml/4 cullerades de brou de vedella amb la farina de blat de moro fins a obtenir una pasta. Bullir la resta del brou de vedella juntament amb els xampinyons i el líquid de bolets, tapar i coure durant 20 minuts. Traieu els bolets del líquid amb un robot d'aliments i poseu-los al foc. Afegiu la salsa d'ostres i el xerès a la paella i deixeu-ho coure, remenant, durant 2 minuts. Afegiu-hi el puré de blat de moro i deixeu-ho coure a foc lent, remenant, fins que la salsa espesseixi. Aboqueu-hi els bolets i serviu immediatament.

Rotllets de porc i amanida

per a 4 persones

4 bolets xinesos secs
15 ml / 1 cullerada d'oli de cacauet
225 g / 8 oz de carn de porc magra, mòlta
100 g / 4 oz de brots de bambú, picats
100 g / 4 oz de castanyes d'aigua, picades
4 cebolletes (cebolletes), picades
175 g / 6 oz de carn de cranc, en escates
30 ml / 2 cullerades de vi d'arròs o xerès sec
15 ml / 1 cullerada de salsa de soja
10 ml / 2 culleradetes de salsa d'ostres
10 ml / 2 culleradetes d'oli de sèsam
9 fulles xineses

Remullar els bolets en aigua tèbia durant 30 minuts i després escórrer. Descartar les tiges i tallar-ne la part superior. Escalfeu l'oli i sofregiu la carn de porc durant 5 minuts. Afegiu-hi els bolets, els brots de bambú, les castanyes d'aigua, la ceba i la carn de cranc i sofregiu-ho durant 2 minuts. Combina el vi o el xerès, la salsa de soja, la salsa d'ostres i l'oli de sèsam i remenem a la paella. Retirar del foc. Mentrestant, blanqueu les fulles xineses en aigua bullint durant 1 minut i esbandiu. Col·loqueu la barreja de porc al centre de cada fulla, doblegueu els costats i enrotlleu per servir.

Mandonguilles de porc i castanyes

per a 4 persones

450 g / 1 lliura de carn de porc mòlta (mòlta)

50 g / 2 oz de xampinyons, ben picats

50 g / 2 oz de castanyes d'aigua, ben picades

1 gra d'all triturat

1 ou batut

30 ml / 2 cullerades de salsa de soja

15 ml / 1 cullerada de vi d'arròs o xerès sec

5 ml / 1 culleradeta d'arrel de gingebre mòlta

5 ml / 1 culleradeta de sucre

sal

30 ml / 2 cullerades de farina de blat de moro (midó de blat de moro)

oli per fregir

Barregeu tots els ingredients excepte la gra de blat de moro i formeu boles amb la barreja. Enrotllar amb farina de blat de moro. Escalfeu l'oli i sofregiu les mandonguilles uns 10 minuts fins que estiguin daurades. Escorreu bé abans de servir.

panets de porc

per a 4 persones

450 g / 1 lliura de farina per a tot ús

500 ml / 17 fl oz / 2 tasses d'aigua

450 g / 1 lb de carn de porc cuita, picada

225 g / 8 oz de gambes pelades, tallades

4 tiges d'api, picades

15 ml / 1 cullerada de salsa de soja

15 ml / 1 cullerada de vi d'arròs o xerès sec

15 ml / 1 cullerada d'oli de sèsam

5 ml / 1 culleradeta de sal

2 caps de ceba vermella (envàs), tallats finament

2 grans d'all, picats

1 rodanxa d'arrel de gingebre, picada

Barregeu la farina i l'aigua fins a obtenir una massa homogènia i pasteu-la bé. Tapa i deixa reposar 10 minuts. Estireu la massa el més fina possible i talleu-la en cercles de 5/2 cm, barregeu la resta d'ingredients. Aboqueu la barreja a cada cercle, humitegeu les vores i tanqueu-lo en un semicercle. Bullir una olla amb aigua i després abocar-hi les mandonguilles amb cura. Quan les mandonguilles hagin pujat, afegiu-hi 150 ml / ¬ᵒpt / ¬æ tassa d'aigua freda i torneu a bullir l'aigua. Quan les mandonguilles tornen a pujar, estan cuites.

Gambes amb salsa de litxi

per a 4 persones

50 g / 2 oz / ½ una tassa (tot ús)
farina
2,5 ml / ½ culleradeta de sal
1 ou, lleugerament batut
30 ml / 2 cullerades d'aigua
450 g / 1 lliura de gambes pelades
oli per fregir
30 ml / 2 cullerades d'oli de cacauet
2 llesques d'arrel de gingebre picada
30 ml / 2 cullerades de vinagre de vi
5 ml / 1 culleradeta de sucre
2,5 ml / ½ culleradeta de sal
15 ml / 1 cullerada de salsa de soja
200 g de litxis en conserva, escorreguts

Barregeu la farina, la sal, l'ou i l'aigua per fer una massa, afegint-hi una mica més d'aigua si cal. Remeneu amb gambes fins que estigui ben cobert. Escalfeu l'oli i sofregiu les gambes uns minuts fins que quedin cruixents i daurades. Escórrer sobre paper de cuina i posar a la placa. Mentrestant, escalfeu l'oli i sofregiu el gingebre durant 1 minut. Afegiu el vinagre, el sucre, la sal i la salsa de soja. Afegiu-hi els litxis i remeneu-ho fins que s'escalfi i s'hagi cobert amb la salsa. Aboqueu-hi les gambes i serviu immediatament.

Gambes fregides amb mandarines

per a 4 persones

60 ml / 4 cullerades d'oli de cacauet

1 gra d'all triturat

1 rodanxa d'arrel de gingebre, picada

450 g / 1 lliura de gambes pelades

30 ml / 2 cullerades de vi d'arròs o xerès sec 30 ml / 2 cullerades de salsa de soja

15 ml / 1 cullerada de farina de blat de moro (midó de blat de moro)

45 ml / 3 cullerades d'aigua

Escalfeu l'oli i sofregiu l'all i el gingebre fins que estiguin lleugerament daurats. Afegiu-hi les gambes i sofregiu-ho durant 1 minut. Afegiu-hi vi o xerès i barregeu-ho bé. Afegiu la salsa de soja, la maizena i l'aigua i sofregiu-ho durant 2 minuts.

Gambes amb mangeut

per a 4 persones

5 bolets xinesos secs

225 g de brots de soja

60 ml / 4 cullerades d'oli de cacauet

5 ml / 1 culleradeta de sal

2 tiges d'api, picades

4 cebolletes (cebolletes), picades

2 grans d'all, picats

2 llesques d'arrel de gingebre picada

60 ml / 4 cullerades d'aigua

15 ml / 1 cullerada de salsa de soja

15 ml / 1 cullerada de vi d'arròs o xerès sec

225 g / 8 oz de pèsols de sucre

225 g / 8 oz de gambes pelades

15 ml / 1 cullerada de farina de blat de moro (midó de blat de moro)

Remullar els bolets en aigua tèbia durant 30 minuts i després escórrer. Descartar les tiges i tallar-ne la part superior. Escaldeu els brots de soja en aigua bullint durant 5 minuts i esbandiu bé. Escalfeu la meitat de l'oli i sofregiu la sal, l'api, les escalunyes i els germinats de soja durant 1 minut, després retireu-los de la paella. Escalfeu la resta d'oli i sofregiu l'all i el gingebre fins que estiguin lleugerament daurats. Afegiu la meitat de l'aigua, la salsa de soja, el vi o xerès, els pèsols i les gambes, deixeu-ho bullir i deixeu-ho coure 3 minuts. Barregeu la farina de blat de moro i l'aigua restant en una pasta, barregeu-ho a la paella i deixeu-ho coure, remenant, fins que la salsa espesseixi. Torneu les verdures a la paella, cuini fins que s'escalfi. Serviu immediatament.

Gambes amb bolets xinesos

per a 4 persones

8 bolets xinesos secs
45 ml / 3 cullerades d'oli de cacauet (cacauet).
3 rodanxes d'arrel de gingebre picada
450 g / 1 lliura de gambes pelades
15 ml / 1 cullerada de salsa de soja
5 ml / 1 culleradeta de sal
60 ml / 4 cullerades de brou de peix

Remullar els bolets en aigua tèbia durant 30 minuts i després escórrer. Descartar les tiges i tallar-ne la part superior. Escalfeu la meitat de l'oli i fregiu el gingebre fins que quedi marró clar. Afegiu-hi els llagostins, la salsa de soja i la sal i sofregiu-los fins que estiguin coberts d'oli i retireu-los de la paella. Escalfeu l'oli restant i sofregiu els bolets fins que estiguin coberts d'oli. Afegiu-hi el brou, deixeu-ho bullir, tapeu i deixeu-ho coure durant 3 minuts. Torneu les gambes a la paella i remeneu fins que estiguin cuites.

Saltejar les gambes i els pèsols

per a 4 persones

450 g / 1 lliura de gambes pelades

5 ml / 1 culleradeta d'oli de sèsam

5 ml / 1 culleradeta de sal

30 ml / 2 cullerades d'oli de cacauet

1 gra d'all triturat

1 rodanxa d'arrel de gingebre, picada

225 g / 8 oz de mongetes congelades o cuites, descongelades

4 cebolletes (cebolletes), picades

30 ml / 2 cullerades d'aigua

sal i pebre

Barrejar les gambes amb oli de sèsam i sal. Escalfeu l'oli i sofregiu l'all i el gingebre durant 1 minut. Afegiu-hi les gambes i sofregiu-ho durant 2 minuts. Afegiu les mongetes verdes i sofregiu-ho durant 1 minut. Afegiu-hi la ceba tendra i l'aigua i amaniu-ho amb sal, pebre i una mica d'oli de sèsam si voleu. Torneu a escalfar, remenant suaument, abans de servir.

Gambes amb ajvar de mango

per a 4 persones

12 gambes

sal i pebre

suc d'1 llimona

30 ml / 2 cullerades de farina de blat de moro (midó de blat de moro)

1 mango

5 ml / 1 culleradeta de mostassa en pols

5 ml / 1 culleradeta de mel

30 ml / 2 cullerades de crema de coco

30 ml / 2 cullerades de curri suau

120 ml / 4 fl oz / ¬Ω tassa de brou de pollastre

45 ml / 3 cullerades d'oli de cacauet (cacauet).

2 grans d'all picats

2 cebolletes (cebolletes), picades

1 bulb de fonoll, picat

100 g/4 oz de chutney de mango

Peleu les gambes i deixeu la cua intacta. Espolvorear amb sal, pebre i suc de llimona, després cobrir amb la meitat de la farina de blat de moro. Peleu el mango, talleu la polpa del fossat i, a continuació, piqueu la polpa. Incorporeu la mostassa, la mel, la crema de coco, el curri en pols, la maizena restant i el brou. Escalfeu la meitat de l'oli i sofregiu l'all, el cibulet i el fonoll durant 2 minuts. Afegiu la barreja de sopa, deixeu-ho bullir i deixeu-ho coure durant 1 minut. Afegiu els daus de mango i la salsa calenta i escalfeu-ho suaument, després transferiu-lo a un plat calent. Escalfeu l'oli restant i sofregiu les gambes durant 2 minuts. Disposeu-los sobre les verdures i serviu-los tots alhora.

Camerun a Pequín

per a 4 persones

30 ml / 2 cullerades d'oli de cacauet

2 grans d'all, picats

1 llesca d'arrel de gingebre, ben picada

225 g / 8 oz de gambes pelades

4 cebolletes (cebolletes), tallades a rodanxes gruixudes

120 ml / 4 fl oz / ¬Ω tassa de brou de pollastre

5 ml / 1 culleradeta de sucre moreno

5 ml / 1 culleradeta de salsa de soja

5 ml / 1 culleradeta de salsa hoisin

5 ml / 1 culleradeta de salsa tabasco

Escalfeu oli amb all i gingebre i fregiu-los fins que els alls estiguin lleugerament daurats. Afegiu-hi les gambes i sofregiu-ho durant 1 minut. Afegir la ceba i sofregir durant 1 minut. Afegiu-hi els altres ingredients, deixeu-ho bullir, tapeu i deixeu-ho coure durant 4 minuts, remenant de tant en tant. Comproveu el condiment i afegiu-hi una mica més de salsa tabasco si voleu.

Gambes amb pebre vermell

per a 4 persones

30 ml / 2 cullerades d'oli de cacauet
1 pebrot verd tallat a trossos
450 g / 1 lliura de gambes pelades
10 ml / 2 culleradetes de farina de blat de moro (midó de blat de moro)
60 ml / 4 cullerades d'aigua
5 ml / 1 culleradeta de vi d'arròs o xerès sec
2,5 ml / ¬Ω culleradeta de sal
45 ml / 2 cullerades de pasta de tomàquet (pasta)

Escalfeu l'oli i sofregiu el pebrot durant 2 minuts. Afegiu-hi les gambes i el puré de tomàquet i barregeu-ho bé. Barregeu l'aigua de blat de moro, el vi o el xerès i la sal per formar una pasta, remeneu-ho a la paella i deixeu-ho coure, remenant, fins que la salsa quedi clara i espessa.

Gambes fregides amb carn de porc

per a 4 persones

225 g / 8 oz de gambes pelades

100 g/4 oz de carn magra de porc, picada

60 ml / 4 cullerades de vi d'arròs o xerès sec

1 clara d'ou

45 ml / 3 cullerades de farina de blat de moro (midó de blat de moro)

5 ml / 1 cullerdeta de sal

15 ml / 1 cullerada d'aigua (opcional)

90 ml / 6 cullerades d'oli de cacauet (cacauet).

45 ml / 3 cullerades de brou de peix

5 ml / 1 culleradeta d'oli de sèsam

Col·loqueu les gambes i la carn de porc en plats separats. Barrejar 45 ml / 3 cullerades de vi o xerès, clara d'ou, 30 ml / 2 cullerades de farina de blat de moro i sal per fer una massa suau, afegir aigua si cal. Dividiu la barreja entre la carn de porc i les gambes i remeneu-ho bé per cobrir uniformement. Escalfeu l'oli i sofregiu la carn de porc i les gambes durant uns minuts fins que estiguin daurades. Retirar de la paella i abocar-hi tot menys 15 ml/1 cullerada d'oli. Afegiu el brou a la paella amb el vi o xerès restant i la farina de blat de moro. Portar a ebullició i coure, remenant, fins que la salsa espesseixi. Aboqueu-hi les gambes i la carn de porc i serviu-ho amb un raig d'oli de sèsam.

Gambes fregides amb salsa de xerès

per a 4 persones

50 g / 2 oz / ¬Ω tassa de farina per a tot ús

2,5 ml / ¬Ω culleradeta de sal

1 ou, lleugerament batut

30 ml / 2 cullerades d'aigua

450 g / 1 lliura de gambes pelades

oli per fregir

15 ml / 1 cullerada d'oli de cacauet

1 ceba picada finament

45 ml / 3 cullerades de vi d'arròs o xerès sec

15 ml / 1 cullerada de salsa de soja

120 ml / 4 fl oz / ¬Ω tassa de brou de peix

10 ml / 2 culleradetes de farina de blat de moro (midó de blat de moro)

30 ml / 2 cullerades d'aigua

Barregeu la farina, la sal, l'ou i l'aigua per fer una massa, afegint-hi una mica més d'aigua si cal. Remeneu amb gambes fins que estigui ben cobert. Escalfeu l'oli i sofregiu les gambes uns minuts fins que quedin cruixents i daurades. Escorreu-les sobre paper de cuina i poseu-les en un plat calent. Mentrestant, escalfeu l'oli i sofregiu la ceba fins que es marqui. Afegiu-hi vi o xerès, salsa de soja i brou, deixeu-ho bullir i deixeu-ho coure 4 minuts. Barregeu la farina de blat de moro i l'aigua en una pasta, barregeu-ho a la paella i deixeu-ho coure, remenant, fins que la salsa quedi clara i espessa. Aboqueu la salsa sobre les gambes i serviu.

Gambes fregides amb sèsam

per a 4 persones

450 g / 1 lliura de gambes pelades

¬Ω clara d'ou

5 ml / 1 cullaradeta de salsa de soja

5 ml / 1 cullaradeta d'oli de sèsam

50 g / 2 oz / ¬Ω tassa de farina de blat de moro (maizena)

sal i pebre blanc recent mòlt

oli per fregir

60 ml / 4 cullerades de llavors de sèsam

Fulles d'enciam

Barrejar les gambes amb clara d'ou, salsa de soja, oli de sèsam, maizena, sal i pebre. Afegiu una mica d'aigua si la barreja és massa espessa. Escalfeu l'oli i sofregiu les gambes uns minuts fins que estiguin daurades. Durant aquest temps, torra breument les llavors de sèsam en una paella seca fins que estiguin daurades. Escorreu les gambes i barregeu-les amb sèsam. Servir sobre un llit d'amanida.

Gambes fregides a la closca

per a 4 persones

60 ml / 4 cullerades d'oli de cacauet
750 g / 1¬Ω lb de gambes amb closca
3 cebolletes (cebolletes), picades
3 rodanxes d'arrel de gingebre picada
2,5 ml / ¬Ω culleradeta de sal
15 ml / 1 cullerada de vi d'arròs o xerès sec
120 ml / 4 fl oz / ¬Ω tassa de ketchup (ketchup)
15 ml / 1 cullerada de salsa de soja
15 ml / 1 cullerada de sucre
15 ml / 1 cullerada de farina de blat de moro (midó de blat de moro)
60 ml / 4 cullerades d'aigua

Escalfeu l'oli i sofregiu les gambes durant 1 minut si estan cuites o fins que estiguin daurades si estan crues. Afegiu escalunya, gingebre, sal i vi o xerès i sofregiu-ho durant 1 minut. Afegiu el ketchup, la salsa de soja i el sucre i sofregiu-ho durant 1 minut. Barregeu la farina de blat de moro i l'aigua, barregeu-la a la paella i deixeu-ho coure, remenant, fins que la salsa s'aclareixi i espesseixi.

gambes fregides

per a 4 persones

75 g / 3 oz / ¬° tassa de farina de blat de moro (midó de blat de moro)

1 clara d'ou

5 ml / 1 culleradeta de vi d'arròs o xerès sec

sal

350 g / 12 oz de gambes pelades

oli per fregir

Barregeu gra de blat de moro, clares d'ou, vi o xerès i una mica de sal per obtenir una barreja espessa. Submergeix les gambes a la massa fins que estiguin ben cobertes. Escalfeu l'oli fins que estigui prou calent i sofregiu les gambes durant uns minuts fins que estiguin daurades. Retirem de l'oli, escalfem fins que estigui ben calent i tornem a fregir les gambes fins que estiguin cruixents i daurades.

Tempura de gambes

per a 4 persones

450 g / 1 lliura de gambes pelades
30 ml / 2 cullerades de farina per a tot ús
30 ml / 2 cullerades de farina de blat de moro (midó de blat de moro)
30 ml / 2 cullerades d'aigua
2 ous batuts
oli per fregir

Talleu les gambes al centre de l'arc interior i esteneu-les per formar una papallona. Barregeu la farina, la maizena i l'aigua per formar una massa, després afegiu-hi els ous. Escalfeu l'oli i fregiu les gambes fins que estiguin daurades.

Pneumàtic

per a 4 persones

30 ml / 2 cullerades d'oli de cacauet

2 cebolletes (cebolletes), picades

1 gra d'all triturat

1 rodanxa d'arrel de gingebre, picada

100 g de pit de pollastre, tallat a tires

100 g de pernil tallat a tires

100 g de brots de bambú, tallats a tires

100 g de castanyes d'aigua, tallades a tires

225 g / 8 oz de gambes pelades

30 ml / 2 cullerades de salsa de soja

30 ml / 2 cullerades de vi d'arròs o xerès sec

5 ml / 1 culleradeta de sal

5 ml / 1 culleradeta de sucre

5 ml / 1 culleradeta de farina de blat de moro (midó de blat de moro)

Escalfeu l'oli i sofregiu la ceba, l'all i el gingebre fins que estiguin lleugerament daurats. Afegiu el pollastre i fregiu-ho durant 1 minut. Afegim el pernil, els brots de bambú i les castanyes d'aigua i sofregim durant 3 minuts. Afegiu-hi les gambes i sofregiu-ho durant 1 minut. Afegiu-hi la salsa de soja, el vi o xerès, la sal i el sucre i sofregiu-ho durant 2 minuts. Barregeu la farina de blat de moro amb una mica d'aigua, barregeu-la en un bol i deixeu-ho coure a foc lent remenant durant 2 minuts.

Gambes amb tofu

per a 4 persones

45 ml / 3 cullerades d'oli de cacauet (cacauet).

225 g / 8 oz de tofu, tallat a daus

1 ceba (ceba), picada

1 gra d'all triturat

15 ml / 1 cullerada de salsa de soja

5 ml / 1 culleradeta de sucre

90 ml / 6 cullerades de brou de peix

225 g / 8 oz de gambes pelades

15 ml / 1 cullerada de farina de blat de moro (midó de blat de moro)

45 ml / 3 cullerades d'aigua

Escalfeu la meitat de l'oli i sofregiu el tofu fins que estigui lleugerament daurat, després retireu-lo de la paella. Escalfeu la resta d'oli i sofregiu el cibulet i l'all fins que estiguin marrons clars. Afegiu-hi la salsa de soja, el sucre i el brou i deixeu-ho bullir. Afegiu-hi les gambes i remeneu-ho a foc lent durant 3 minuts. Barrejar la farina de blat de moro i l'aigua en una pasta, barrejar-la a la paella i coure, remenant, fins que la salsa espesseixi. Torneu el tofu a la paella i cuini fins que s'escalfi.

Gambes amb tomàquet

per a 4 persones

2 clares d'ou

30 ml / 2 cullerades de farina de blat de moro (midó de blat de moro)

5 ml / 1 culleradeta de sal

450 g / 1 lliura de gambes pelades

oli per fregir

30 ml / 2 cullerades de vi d'arròs o xerès sec

225 g / 8 oz de tomàquets, pelats, sense llavors i picats

Barrejar les clares d'ou, la maizena i la sal. Afegiu les gambes fins que estiguin ben cobertes. Escalfeu l'oli i sofregiu les gambes fins que estiguin cuites. Aboqueu-hi tot menys 15 ml/1 cullerada d'oli i torneu a escalfar. Afegiu-hi vi o xerès i tomàquets i deixeu-ho bullir. Afegiu les gambes i torneu a escalfar ràpidament abans de servir.

Gambes amb salsa de tomàquet

per a 4 persones

30 ml / 2 cullerades d'oli de cacauet

1 gra d'all triturat

2 llesques d'arrel de gingebre picada

2,5 ml / ¬Ω culleradeta de sal

15 ml / 1 cullerada de vi d'arròs o xerès sec

15 ml / 1 cullerada de salsa de soja

6 ml / 4 cullerades de ketchup (ketchup)

120 ml / 4 fl oz / ¬Ω tassa de brou de peix

350 g / 12 oz de gambes pelades

10 ml / 2 culleradetes de farina de blat de moro (midó de blat de moro)

30 ml / 2 cullerades d'aigua

Escalfeu l'oli i sofregiu l'all, el gingebre i la sal durant 2 minuts. Afegiu el vi o el xerès, la salsa de soja, el ketchup i el brou i deixeu-ho bullir. Afegir les gambes, tapar i coure a foc lent durant 2 minuts. Barregeu la farina de blat de moro i l'aigua en una pasta, barregeu-ho a la paella i deixeu-ho coure, remenant, fins que la salsa s'aclareixi i espessi.

Gambes amb tomàquet i salsa de xile

per a 4 persones

60 ml / 4 cullerades d'oli de cacauet
15 ml / 1 cullerada de gingebre mòlt
15 ml / 1 cullerada d'all picat
15 ml / 1 cullerada de cibulet picat
60 ml / 4 cullerades de pasta de tomàquet (pasta)
15 ml / 1 cullerada de salsa de xili
450 g / 1 lliura de gambes pelades
15 ml / 1 cullerada de farina de blat de moro (midó de blat de moro)
15 ml / 1 cullerada d'aigua

Escalfeu l'oli i sofregiu el gingebre, l'all i el cibulet durant 1 minut. Afegiu-hi el puré de tomàquet i la salsa de xili i barregeu-ho bé. Afegiu-hi les gambes i sofregiu-ho durant 2 minuts. Barrejar la farina de blat de moro i l'aigua en una pasta, remenar a la paella i coure fins que la salsa espesseixi. Serviu immediatament.

Gambes fregides amb salsa de tomàquet

per a 4 persones

50 g / 2 oz / ½ tassa de farina per a tot ús

2,5 ml / ½ culleradeta de sal

1 ou, lleugerament batut

30 ml / 2 cullerades d'aigua

450 g / 1 lliura de gambes pelades

oli per fregir

30 ml / 2 cullerades d'oli de cacauet

1 ceba picada finament

2 llesques d'arrel de gingebre picada

75 ml / 5 cullerades de ketchup (ketchup)

10 ml / 2 culleradetes de farina de blat de moro (midó de blat de moro)

30 ml / 2 cullerades d'aigua

Barregeu la farina, la sal, l'ou i l'aigua per fer una massa, afegint-hi una mica més d'aigua si cal. Remeneu amb gambes fins que estigui ben cobert. Escalfeu l'oli i sofregiu les gambes uns minuts fins que quedin cruixents i daurades. Escórrer sobre tovalloles de paper.

Mentrestant, escalfeu l'oli i sofregiu la ceba i el gingebre fins que estiguin tendres. Afegiu el ketchup i deixeu-ho coure a foc lent durant 3 minuts. Barrejar la farina de blat de moro i l'aigua en una pasta, barrejar-la a la paella i coure, remenant, fins que la salsa espesseixi. Afegiu les gambes a la paella i deixeu-ho coure a foc lent fins que estiguin cuites. Serviu immediatament.

Gambes amb verdures

per a 4 persones

15 ml / 1 cullerada d'oli de cacauet

225 g de bròquil

225 g / 8 oz de bolets

225 g de brots de bambú, tallats a rodanxes

450 g / 1 lliura de gambes pelades

120 ml / 4 fl oz / ¬Ω tassa de brou de pollastre

5 ml / 1 culleradeta de farina de blat de moro (midó de blat de moro)

5 ml / 1 culleradeta de salsa d'ostres

2,5 ml / ¬Ω culleradeta de sucre

2,5 ml / ¬Ω culleradeta d'arrel de gingebre ratllada

un polsim de pebre acabat de mòlta

Escalfeu l'oli i fregiu el bròquil durant 1 minut. Afegiu-hi els bolets i els brots de bambú i sofregiu-los durant 2 minuts. Afegiu-hi les gambes i sofregiu-ho durant 2 minuts. Combina els altres ingredients i barreja amb la barreja de gambes. Portar a ebullició, remenar i coure durant 1 minut, remenant constantment.

Gambes amb castanyes d'aigua

per a 4 persones

60 ml / 4 cullerades d'oli de cacauet

1 gra d'all picat

1 rodanxa d'arrel de gingebre, picada

450 g / 1 lliura de gambes pelades

30 ml / 2 cullerades de vi d'arròs o xerès sec 225 g / 8 oz de castanyes d'aigua, a rodanxes

30 ml / 2 cullerades de salsa de soja

15 ml / 1 cullerada de farina de blat de moro (midó de blat de moro)

45 ml / 3 cullerades d'aigua

Escalfeu l'oli i sofregiu l'all i el gingebre fins que estiguin lleugerament daurats. Afegiu-hi les gambes i sofregiu-ho durant 1 minut. Afegiu-hi vi o xerès i barregeu-ho bé. Afegim les castanyes d'aigua i sofregim 5 minuts. Afegiu-hi la resta d'ingredients i fregiu durant 2 minuts.

wontons de gambes

per a 4 persones

450 g / 1 lliura de gambes pelades, picades
225 g / 8 oz de verdures barrejades, picades
15 ml / 1 cullerada de salsa de soja
2,5 ml / ¬Ω culleradeta de sal
unes gotes d'oli de sèsam
40 pells de wonton
oli per fregir

Barrejar les gambes, verdures, salsa de soja, sal i oli de sèsam.

Per plegar els wontons, agafeu la pell amb el palmell de la mà esquerra i col·loqueu una mica del farcit al mig. Humitejar les vores amb ou, doblegar la pell en un triangle i enganxar les vores. Humitejar les cantonades amb ou i girar.

Escalfeu l'oli i fregiu uns wontons fins que estiguin daurats. Escorreu bé abans de servir.

Abalone amb pollastre

per a 4 persones

400 g / 14 oz d'abaló en conserva
30 ml / 2 cullerades d'oli de cacauet
100 g/4 oz de pit de pollastre, tallat a daus
100 g / 4 oz de brots de bambú, tallats a rodanxes
250 ml / 8 fl oz / 1 tassa de brou de peix
15 ml / 1 cullerada de vi d'arròs o xerès sec
5 ml / 1 culleradeta de sucre
2,5 ml / ¬Ω culleradeta de sal
15 ml / 1 cullerada de farina de blat de moro (midó de blat de moro)
45 ml / 3 cullerades d'aigua

Escorreu i talleu l'abaló, reservant-ne el suc. Escalfeu l'oli i fregiu el pollastre fins que agafi un color clar. Afegiu l'abaló i els brots de bambú i sofregiu durant 1 minut. Afegiu el líquid d'abaló, el brou, el vi o xerès, el sucre i la sal, deixeu-ho bullir i deixeu-ho coure 2 minuts. Barregeu la farina de blat de moro i l'aigua en una pasta i deixeu-ho coure, remenant, fins que la salsa estigui clara i espessa. Serviu immediatament.

abaló amb espàrrecs

per a 4 persones
10 bolets xinesos secs
30 ml / 2 cullerades d'oli de cacauet
15 ml / 1 cullerada d'aigua
225 g / 8 oz d'espàrrecs
2,5 ml / ¬Ω culleradeta de salsa de peix
15 ml / 1 cullerada de farina de blat de moro (midó de blat de moro)
225 g / 8 oz d'abaló en conserva, tallat a rodanxes
60 ml / 4 cullerades de sopa
¬Ω pastanaga petita, tallada a rodanxes
5 ml / 1 culleradeta de salsa de soja
5 ml / 1 culleradeta de salsa d'ostres
5 ml / 1 culleradeta de vi d'arròs o xerès sec

Remullar els bolets en aigua tèbia durant 30 minuts i després escórrer. Descartar les tiges. Escalfeu 15 ml / 1 cullerada d'oli amb aigua i sofregiu els bolets durant 10 minuts. Mentrestant, coure els espàrrecs en aigua bullint juntament amb la salsa de peix i 5 ml/1 culleradeta de farina de blat de moro fins que estiguin suaus. Escorreu bé i poseu-ho al foc amb els bolets. Mantingueu-los calents. Escalfeu l'oli restant i sofregiu l'abaló durant uns segons, després afegiu-hi el brou, les pastanagues, la salsa de soja, la salsa d'ostres, el vi o el xerès i la maizena restant. Cuinar uns 5 minuts fins que estiguin cuits, després abocar-hi els espàrrecs i servir.

Abalón amb bolets

per a 4 persones

6 bolets xinesos secs

400 g / 14 oz d'abaló en conserva

45 ml / 3 cullerades d'oli de cacauet (cacauet).

2,5 ml / ¬Ω culleradeta de sal

15 ml / 1 cullerada de vi d'arròs o xerès sec

3 cebes tendra (bol), tallades a rodanxes gruixudes

Remullar els bolets en aigua tèbia durant 30 minuts i després escórrer. Descartar les tiges i tallar-ne la part superior. Escorreu i talleu l'abaló, reservant-ne el suc. Escalfeu l'oli i sofregiu la sal i els bolets durant 2 minuts. Afegiu el líquid d'abalon i el xerès, porteu-ho a ebullició, tapeu i deixeu-ho coure durant 3 minuts. Afegiu-hi el cibulet i la ceba i cuini fins que s'escalfi. Serviu immediatament.

Abalone amb salsa d'ostres

per a 4 persones

400 g / 14 oz d'abaló en conserva

15 ml / 1 cullerada de farina de blat de moro (midó de blat de moro)

15 ml / 1 cullerada de salsa de soja

45 ml / 3 cullerades de salsa d'ostres

30 ml / 2 cullerades d'oli de cacauet

50 g / 2 oz de pernil fumat, picat

Escorreu la llauna d'abaló, deixant 90 ml / 6 cullerades de líquid. Barregeu-ho amb farina de blat de moro, salsa de soja i salsa d'ostres. Escalfeu l'oli i fregiu l'abaló escorregut durant 1 minut. Afegiu la barreja de salsa i cuini, remenant, fins que s'escalfi, aproximadament 1 minut. Transferir a un plat calent i servir guarnit amb pernil.

marisc al vapor

per a 4 persones

24 entrepans

Massatge bé les closques, després posa-les en remull en aigua salada durant unes hores. Rentar amb aigua corrent i col·locar en un plat ignífug poc profund. Col·loqueu sobre una reixeta en una vaporera, tapeu i coeu-ho al vapor en aigua bullint durant uns 10 minuts fins que s'hagin obert totes les cloïsses. Descarta els que encara estan tancats. Servir amb salses.

Entrepà amb brots de soja

per a 4 persones

24 entrepans

15 ml / 1 cullerada d'oli de cacauet

150 g / 5 oz de brots de soja

1 pebrot verd tallat a tires

2 cebolletes (cebolletes), picades

15 ml / 1 cullerada de vi d'arròs o xerès sec

sal i pebre recent mòlt

2,5 ml / ¬Ω culleradeta d'oli de sèsam

50 g / 2 oz de pernil fumat, picat

Massatge bé les closques, després posa-les en remull en aigua salada durant unes hores. Esbandida amb aigua corrent. Bullir una olla amb aigua, afegir les cloïsses i coure uns minuts fins que s'obrin. Escorreu i llenceu qualsevol cosa encara segellada. Traieu les closques de les closques.

Escalfeu l'oli i sofregiu els brots de soja durant 1 minut. Afegiu el pebre vermell i el cibulet i sofregiu-ho durant 2 minuts. Afegiu-hi vi o xerès i amaniu-ho amb sal i pebre. Escalfeu, després afegiu-hi les cloïsses i remeneu-ho fins que estiguin ben combinats i s'escalfi. Transferiu-ho a un plat calent i serviu-ho escampat amb oli de sèsam i pernil.

Entrepà amb gingebre i all

per a 4 persones

24 entrepans

15 ml / 1 cullerada d'oli de cacauet

2 llesques d'arrel de gingebre picada

2 grans d'all, picats

15 ml / 1 cullerada d'aigua

5 ml / 1 culleradeta d'oli de sèsam

sal i pebre recent mòlt

Massatge bé les closques, després posa-les en remull en aigua salada durant unes hores. Esbandida amb aigua corrent. Escalfeu l'oli i sofregiu el gingebre i l'all durant 30 segons. Afegim les cloïsses, l'aigua i l'oli de sèsam, tapem i deixem coure uns 5 minuts fins que s'obrin les cloïsses. Descarta els que encara estan tancats. Rectifiqueu lleugerament de sal i pebre i serviu immediatament.

cloïsses fregides

per a 4 persones

24 entrepans

60 ml / 4 cullerades d'oli de cacauet

4 grans d'all, picats

1 ceba picada

2,5 ml / ¬Ω culleradeta de sal

Massatge bé les closques, després posa-les en remull en aigua salada durant unes hores. Esbandida amb aigua corrent i després assecar. Escalfeu l'oli i sofregiu l'all, la ceba i la sal fins que estiguin daurats. Afegiu-hi les cloïsses, tapeu i deixeu-ho coure uns 5 minuts fins que s'obrin totes les cloïsses. Descarta els que encara estan tancats. Fregir lleugerament durant 1 minut més, ruixant amb oli.

pastissos de cranc

per a 4 persones

225 g de brots de soja

60 ml / 4 cullerades d'oli de cacauet 100 g / 4 oz de brots de bambú, tallats a tires

1 ceba picada

225 g / 8 oz de carn de cranc, en escates

4 ous lleugerament batuts

15 ml / 1 cullerada de farina de blat de moro (midó de blat de moro)

30 ml / 2 cullerades de salsa de soja

sal i pebre recent mòlt

Escalfeu els brots de soja en aigua bullint durant 4 minuts i després escorreu-los. Escalfeu la meitat de l'oli i sofregiu els brots de soja, els brots de bambú i la ceba fins que estiguin tendres. Retirar del foc i barrejar amb la resta d'ingredients, excepte l'oli. En una paella neta, escalfeu l'oli restant i fregiu cullerades de la barreja de cranc per fer scones. Fregir fins que estigui lleugerament daurat per ambdós costats, després servir.

crema de cranc

per a 4 persones

225 g / 8 oz de carn de cranc

5 ous batuts

1 ceba (ceba) ben picada

250 ml / 8 oz líquides / 1 tassa d'aigua

5 ml / 1 culleradeta de sal

5 ml / 1 culleradeta d'oli de sèsam

Barregeu bé tots els ingredients. Col·locar en un recipient, tapar i posar en un bany sobre aigua calenta o sobre una reixeta de vapor. Cuini al vapor durant uns 35 minuts fins que quedi cremós, remenant de tant en tant. Servir amb arròs.

Carn de cranc inflat xinesa

per a 4 persones

450 g / 1 lb fulles xineses, esquinçades

45 ml / 3 cullerades d'oli vegetal

2 cebolletes (cebolletes), picades

225 g / 8 oz de carn de cranc

15 ml / 1 cullerada de salsa de soja

15 ml / 1 cullerada de vi d'arròs o xerès sec

5 ml / 1 culleradeta de sal

Escaldeu les fulles xineses en aigua bullint durant 2 minuts, després esbandiu bé i esbandiu amb aigua freda. Escalfeu l'oli i sofregiu el cibulet fins que quedi marró clar. Afegiu la carn de cranc i fregiu-ho durant 2 minuts. Afegiu les fulles xineses i fregiu-ho durant 4 minuts. Afegiu-hi la salsa de soja, el vi o el xerès i la sal i barregeu-ho bé. Afegiu-hi el brou i el gra de blat de moro, deixeu-ho bullir i deixeu-ho coure, remenant, durant 2 minuts fins que la salsa s'aclareixi i espessi.

Cranc Foo Yung amb brots de soja

per a 4 persones

6 ous batuts

45 ml / 3 cullerades de farina de blat de moro (midó de blat de moro)

225 g / 8 oz de carn de cranc

100 g de brots de soja

2 caps de ceba vermella (envàs), tallats finament

2,5 ml / ¬Ω culleradeta de sal

45 ml / 3 cullerades d'oli de cacauet (cacauet).

Bateu els ous i afegiu-hi la farina de blat de moro. Barregeu la resta excepte l'oli. Escalfeu l'oli i aboqueu lentament la barreja a la paella per fer unes petites creps d'uns 3 cm d'ample. Fregiu fins que estigui daurat al fons, després gireu i fregiu l'altre costat.

Cranc amb gingebre

per a 4 persones

15 ml / 1 cullerada d'oli de cacauet

2 llesques d'arrel de gingebre picada

4 cebolletes (cebolletes), picades

3 grans d'all, picats

1 bitxo vermell picat

350 g / 12 oz de carn de cranc, en escates

2,5 ml / ¬Ω culleradeta de pasta de peix

2,5 ml / ¬Ω culleradeta d'oli de sèsam

15 ml / 1 cullerada de vi d'arròs o xerès sec

5 ml / 1 culleradeta de farina de blat de moro (midó de blat de moro)

15 ml / 1 cullerada d'aigua

Escalfeu l'oli i sofregiu el gingebre, el cibulet, l'all i el pebre durant 2 minuts. Afegiu la carn de cranc i remeneu fins que quedi ben coberta amb les espècies. Afegiu-hi la pasta de peix. Barregeu la resta d'ingredients en una massa, després poseu-los a la paella i fregiu-los durant 1 minut. Serviu immediatament.

Cranc Lo Mein

per a 4 persones

100 g de brots de soja
30 ml / 2 cullerades d'oli de cacauet
5 ml / 1 culleradeta de sal
1 llesca de ceba
100 g / 4 oz de bolets, tallats a rodanxes
225 g / 8 oz de carn de cranc, en escates
100 g / 4 oz de brots de bambú, tallats a rodanxes
fideus torrats
30 ml / 2 cullerades de salsa de soja
5 ml / 1 culleradeta de sucre
5 ml / 1 culleradeta d'oli de sèsam
sal i pebre recent mòlt

Blanqueu els brots de soja en aigua bullint durant 5 minuts i després escorreu-los. Escalfeu l'oli i sofregiu la sal i la ceba fins que estiguin daurades. Afegiu-hi els bolets i fregiu-los fins que estiguin tendres. Afegiu la carn de cranc i fregiu-ho durant 2 minuts. Afegiu els brots de soja i els brots de bambú i fregiu-los durant 1 minut. Afegiu la pasta escorreguda a la paella i remeneu-ho suaument. Barregeu la salsa de soja, el sucre i l'oli de sèsam i amaniu-ho amb sal i pebre. Remeneu la paella fins que s'escalfi.

Cranc fregit amb carn de porc

per a 4 persones

30 ml / 2 cullerades d'oli de cacauet
100 g / 4 oz de carn de porc mòlta
350 g / 12 oz de carn de cranc, en escates
2 llesques d'arrel de gingebre picada
2 ous lleugerament batuts
15 ml / 1 cullerada de salsa de soja
15 ml / 1 cullerada de vi d'arròs o xerès sec
30 ml / 2 cullerades d'aigua
sal i pebre recent mòlt
4 cebolletes (cebolletes), tallades a tires

Escalfeu l'oli i fregiu la carn de porc fins que agafi un color clar. Afegiu la carn de cranc i el gingebre i sofregiu-ho durant 1 minut. Afegiu els ous. Afegiu-hi la salsa de soja, el vi o xerès, l'aigua, la sal i el pebre i deixeu-ho coure uns 4 minuts tot remenant. Serviu-ho guarnit amb cibulet.

Carn de cranc arrebossat

per a 4 persones

30 ml / 2 cullerades d'oli de cacauet

450 g / 1 lb de carn de cranc, en escates

2 cebolletes (cebolletes), picades

2 llesques d'arrel de gingebre picada

30 ml / 2 cullerades de salsa de soja

30 ml / 2 cullerades de vi d'arròs o xerès sec

2,5 ml / ¬Ω culleradeta de sal

15 ml / 1 cullerada de farina de blat de moro (midó de blat de moro)

60 ml / 4 cullerades d'aigua

Escalfeu l'oli i fregiu la carn de cranc, el cibulet i el gingebre durant 1 minut. Afegiu-hi la salsa de soja, el vi o el xerès i la sal, tapeu-ho i deixeu-ho coure durant 3 minuts. Barregeu la farina de blat de moro i l'aigua en una pasta, barregeu-ho a la paella i deixeu-ho coure, remenant, fins que la salsa quedi clara i espessa.

boletes de calamar fregides

per a 4 persones

450 g / 1 lliura de calamars

50 g de greix de porc, esmicolat

1 clara d'ou

2,5 ml / ½ culleradeta de sucre

2,5 ml / ½ culleradeta de midó de blat de moro (midó de blat de moro)

sal i pebre recent mòlt

oli per fregir

Talleu els calamars i tritureu-los o convertiu-los en una pasta. Barrejar amb llard de porc, clara d'ou, sucre i maizena i rectificar de sal i pebre. Premeu la barreja en boles. Escalfeu l'oli i, si cal, sofregiu les boles de calamar a poc a poc fins que pugin a la superfície de l'oli i quedin daurades. Escórrer bé i servir immediatament.

Llagosta de Cantonesa

per a 4 persones

2 llagostes

30 ml / 2 cullerades d'oli

15 ml / 1 cullerada de salsa de mongetes negres

1 gra d'all triturat

1 ceba picada

225 g / 8 oz de carn de porc mòlta (mòlta)

45 ml / 3 cullerades de salsa de soja

5 ml / 1 culleradeta de sucre

sal i pebre recent mòlt

15 ml / 1 cullerada de farina de blat de moro (midó de blat de moro)

75 ml / 5 cullerades d'aigua

1 ou batut

Descongelar el llamàntol, treure la carn i tallar-lo a daus de 2,5 cm. Escalfeu l'oli i sofregiu la salsa de mongeta negra, all i ceba fins que estigui daurada. Afegiu la carn de porc i fregiu fins que estigui daurada. Afegiu la salsa de soja, el sucre, la sal, el pebre i el llamàntol, tapeu i deixeu-ho coure uns 10 minuts. Barregeu la farina de blat de moro i l'aigua en una pasta, barregeu-ho a la paella i deixeu-ho coure, remenant, fins que la salsa s'aclareixi i espessi. Apagueu el foc i afegiu-hi l'ou abans de servir.

llamàntol fregit

per a 4 persones

450 g / 1 lliura de carn de llamàntol
30 ml / 2 cullerades de salsa de soja
5 ml / 1 culleradeta de sucre
1 ou batut
30 ml / 3 cullerades de farina polivalent
oli per fregir

Talleu la carn de llamàntol a daus de 2,5 cm/1 i barregeu-la amb la salsa de soja i el sucre. Deixar reposar 15 minuts i després escórrer. Batre l'ou i la farina, després afegir el llamàntol i barrejar bé. Escalfeu l'oli i fregiu el llamàntol fins que estigui daurat. Escórrer sobre paper de cuina abans de servir.

Llagosta al vapor amb pernil

per a 4 persones

4 ous lleugerament batuts
60 ml / 4 cullerades d'aigua
5 ml / 1 culleradeta de sal
15 ml / 1 cullerada de salsa de soja
450 g / 1 lb de carn de llagosta, escates
15 ml / 1 cullerada de prosciutto picat
15 ml / 1 cullerada de julivert fresc picat

Bateu els ous amb aigua, sal i salsa de soja. Aboqueu-ho en una safata apta per al forn i espolseu-hi la carn de llamàntol. Col·loqueu el bol a la reixeta al bany de vapor, tapeu i coeu al vapor durant 20 minuts fins que els ous s'endureixin. Servir guarnit amb pernil i julivert.

Llagosta amb bolets

per a 4 persones

450 g / 1 lliura de carn de llamàntol

15 ml / 1 cullerada de farina de blat de moro (midó de blat de moro)

60 ml / 4 cullerades d'aigua

30 ml / 2 cullerades d'oli de cacauet

4 cebolletes (cebolletes), tallades a rodanxes gruixudes

100 g / 4 oz de bolets, tallats a rodanxes

2,5 ml / ¬Ω culleradeta de sal

1 gra d'all triturat

30 ml / 2 cullerades de salsa de soja

15 ml / 1 cullerada de vi d'arròs o xerès sec

Talleu la carn de llamàntol a daus de 2,5 cm. Barregeu la farina de blat de moro i l'aigua en una pasta i tireu els daus de llagosta a la barreja de recobriment. Escalfeu la meitat de l'oli i sofregiu els daus de llamàntol fins que estiguin lleugerament daurats, i després retireu-los de la paella. Escalfeu la resta d'oli i sofregiu la ceba tendra fins que estigui daurada. Afegiu-hi els bolets i fregiu-los durant 3 minuts. Afegiu sal, all, salsa de soja i vi o xerès i sofregiu-ho durant 2 minuts. Torneu la llagosta a la paella i fregiu-la fins que estigui cuita.

Cues de llamàntol amb carn de porc

per a 4 persones

3 bolets xinesos secs

4 cues de llagosta

60 ml / 4 cullerades d'oli de cacauet

100 g / 4 oz de carn de porc mòlta

50 g / 2 oz de castanyes d'aigua, ben picades

sal i pebre recent mòlt

2 grans d'all, picats

45 ml / 3 cullerades de salsa de soja

30 ml / 2 cullerades de vi d'arròs o xerès sec

30 ml / 2 cullerades de salsa de mongetes negres

10 ml / 2 cullerades de farina de blat de moro (midó de blat de moro)

120 ml / 4 fl oz / ¬Ω tassa d'aigua

Remullar els bolets en aigua tèbia durant 30 minuts i després escórrer. Descartar les tiges i tallar-ne la part superior. Talleu les cues de llamàntol per la meitat longitudinalment. Traieu la carn de les cues de llamàntol i deseu les closques. Escalfeu la meitat de l'oli i sofregiu la carn de porc fins que agafi un color clar. Retirar del foc i remenar els bolets, la carn de llamàntol, les castanyes d'aigua, la sal i el pebre. Premeu la carn de nou a les closques de llamàntol i col·loqueu-la en una safata per al forn. Col·loqueu sobre una reixeta en una vaporera, tapeu i coeu-ho al vapor durant uns 20 minuts fins que estigui cuit. Mentrestant, escalfeu l'oli restant i sofregiu l'all, la salsa de soja, el vi o xerès i la salsa de mongetes negres durant 2 minuts. Barregeu la farina de blat de moro i l'aigua fins a obtenir una pasta, poseu-la en una paella i deixeu-ho coure, remenant, fins que la salsa espesseixi. Posa la llagosta al fogó,

llamàntol fregit

per a 4 persones

450 g / 1 lliura de cues de llamàntol

30 ml / 2 cullerades d'oli de cacauet

1 gra d'all triturat

2,5 ml / ¬Ω culleradeta de sal

350 g / 12 oz de brots de soja

50 g / 2 oz de bolets

4 cebolletes (cebolletes), tallades a rodanxes gruixudes

150 ml / ¬° pt / tassa gran ¬Ω de brou de pollastre

15 ml / 1 cullerada de farina de blat de moro (midó de blat de moro)

Bullir una olla amb aigua, afegir les cues de llamàntol i coure 1 minut. Escórrer, refredar, treure la pell i tallar a rodanxes més gruixudes. Escalfeu oli amb all i sal i sofregiu fins que els alls estiguin lleugerament daurats. Afegiu el llamàntol i sofregiu-ho durant 1 minut. Afegiu els brots de soja i els bolets i sofregiu-ho durant 1 minut. Afegiu-hi cibulet. Afegiu la major part del brou, deixeu-ho bullir, tapeu i deixeu-ho coure durant 3 minuts. Barregeu la farina de blat de moro amb la resta del brou, barregeu-la a la paella i deixeu-ho coure, remenant, fins que la salsa quedi lleugera i espessa.

niu de llagosta

per a 4 persones

30 ml / 2 cullerades d'oli de cacauet

5 ml / 1 culleradeta de sal

1 ceba picada finament

100 g / 4 oz de bolets, tallats a rodanxes

100 g / 4 oz de brots de bambú, 225 g / 8 oz de carn de llagosta cuita a rodanxes

15 ml / 1 cullerada de vi d'arròs o xerès sec

120 ml / 4 fl oz / ¬Ω tassa de brou de pollastre

un polsim de pebre acabat de mòlta

10 ml / 2 culleradetes de farina de blat de moro (midó de blat de moro)

15 ml / 1 cullerada d'aigua

4 cistelles per a fideus

Escalfeu l'oli i sofregiu la sal i la ceba fins que estiguin daurades. Afegiu-hi els bolets i els brots de bambú i sofregiu-los durant 2 minuts. Afegiu la carn de llamàntol, el vi o el xerès i el brou, porteu-ho a ebullició, tapeu i deixeu-ho coure 2 minuts. Condimentar amb pebre. Barrejar la farina de blat de moro i l'aigua en una pasta, barrejar-la a la paella i coure, remenant, fins que la salsa espesseixi. Col·loqueu els nius de fideus en un plat calent i poseu-hi el llamàntol fregit.

Musclos en salsa de mongetes negres

per a 4 persones

45 ml / 3 cullerades d'oli de cacauet (cacauet).
2 grans d'all, picats
2 llesques d'arrel de gingebre picada
30 ml / 2 cullerades de salsa de mongetes negres
15 ml / 1 cullerada de salsa de soja
1,5 kg / 3 lliures de musclos, rentats i amb barba
2 cebolletes (cebolletes), picades

Escalfeu l'oli i sofregiu l'all i el gingebre durant 30 segons. Afegiu la salsa de mongetes negres i la salsa de soja i sofregiu-ho durant 10 segons. Afegiu-hi els musclos, tapeu i deixeu-ho coure durant uns 6 minuts fins que s'obrin els musclos. Descarta els que encara estan tancats. Transferiu-lo a un plat calent i serviu-ho escampat amb cibulet.

Musclos amb gingebre

per a 4 persones

45 ml / 3 cullerades d'oli de cacauet (cacauet).

2 grans d'all, picats

4 rodanxes d'arrel de gingebre picada

1,5 kg / 3 lliures de musclos, rentats i amb barba

45 ml / 3 cullerades d'aigua

15 ml / 1 cullerada de salsa d'ostres

Escalfeu l'oli i sofregiu l'all i el gingebre durant 30 segons. Afegiu-hi els musclos i l'aigua, tapeu-ho i deixeu-ho coure uns 6 minuts fins que s'obrin els musclos. Descarta els que encara estan tancats. Transferiu-lo a un plat calent i serviu-ho regat amb salsa d'ostres.

musclos al vapor

per a 4 persones

1,5 kg / 3 lliures de musclos, rentats i amb barba
45 ml / 3 cullerades de salsa de soja
3 cebes tendres (envàs), picades finament

Col·loqueu els musclos a la reixeta de la vaporera, tapeu-los i coeu-los al vapor en aigua bullint uns 10 minuts fins que s'obrin tots els musclos. Descarta els que encara estan tancats. Transferiu-lo a un plat calent i serviu-ho espolvoreat amb salsa de soja i cibulet.

ostres fregides

per a 4 persones

24 ostres amb closques
sal i pebre recent mòlt
1 ou batut
50 g / 2 oz / ¬Ω tassa de farina per a tot ús
250 ml / 8 oz líquides / 1 tassa d'aigua
oli per fregir
4 cebolletes (cebolletes), picades

Espolvorear les ostres amb sal i pebre. Bateu l'ou amb farina i aigua per formar una massa i cobrir-hi les ostres. Escalfeu l'oli i fregiu les ostres fins que estiguin daurades. Escorreu-les sobre paper de cuina i serviu-les decorades amb cibulet.

ostres amb cansalada

per a 4 persones

175 g / 6 oz de cansalada

24 ostres amb closques

1 ou, lleugerament batut

15 ml / 1 cullerada d'aigua

45 ml / 3 cullerades d'oli de cacauet (cacauet).

2 cebes picades

15 ml / 1 cullerada de farina de blat de moro (midó de blat de moro)

15 ml / 1 cullerada de salsa de soja

90 ml / 6 cullerades de brou de pollastre

Talleu la cansalada a trossos i emboliqueu un tros al voltant de cada ostra. Bateu l'ou amb aigua i submergiu-lo a les ostres per arrebossar-lo. Escalfeu la meitat de l'oli i sofregiu les ostres fins que estiguin daurades per les dues cares, traieu-les de la paella i escorreu-ne el greix. Escalfeu l'oli restant i sofregiu la ceba fins que estigui tova. Barregeu la farina de blat de moro, la salsa de soja i la sopa fins que es formi una pasta, aboqueu-ho a la paella i deixeu-ho coure, remenant, fins que la salsa quedi clara i espessa. Aboqueu-hi les ostres i serviu immediatament.

Ostres fregides amb gingebre

per a 4 persones

24 ostres amb closques

2 llesques d'arrel de gingebre picada

30 ml / 2 cullerades de salsa de soja

15 ml / 1 cullerada de vi d'arròs o xerès sec

4 cebolletes (cebolletes), tallades a tires

100 g de cansalada

1 ou

50 g / 2 oz / ¬Ω tassa de farina per a tot ús

sal i pebre recent mòlt

oli per fregir

1 llimona tallada a rodanxes

Poseu les ostres en un bol amb el gingebre, la salsa de soja i el vi o xerès i barregeu-ho bé. Deixeu-ho reposar 30 minuts. Poseu unes tires de cibulet a sobre de cada ostra. Talleu la cansalada a trossos i emboliqueu un tros al voltant de cada ostra. Bateu l'ou i la farina fins a obtenir una massa i rectifiqueu de sal i pebre. Submergeix les ostres a la massa fins que estiguin ben cobertes. Escalfeu l'oli i fregiu les ostres fins que estiguin daurades. Serviu-ho guarnit amb rodanxes de llimona.

Ostres amb salsa de mongetes negres

per a 4 persones

350 g / 12 oz d'ostres pelades
120 ml / 4 fl oz / ¬Ω tassa d'oli de cacauet (cacauets)
2 grans d'all, picats
3 cebes tendra, tallades a rodanxes
15 ml / 1 cullerada de salsa de mongetes negres
30 ml / 2 cullerades de salsa de soja fosca
15 ml / 1 cullerada d'oli de sèsam
una mica de xili en pols

Escalfeu les ostres en aigua bullint durant 30 segons i després escorreu-les. Escalfeu l'oli i sofregiu l'all i el cibulet durant 30 segons. Afegiu la salsa de mongetes negres, la salsa de soja, l'oli de sèsam i les ostres i amaniu-ho amb xili en pols si voleu. Fregir fins que estigui ben calent i servir immediatament.

Vieiras amb brots de bambú

per a 4 persones

60 ml / 4 cullerades d'oli de cacauet
6 cebolletes (cebolletes), picades
225 g / 8 oz de bolets, a quarts
15 ml / 1 cullerada de sucre
450 g / 1 lliura de vieires amb closca
2 llesques d'arrel de gingebre picada
225 g de brots de bambú, tallats a rodanxes
sal i pebre recent mòlt
300 ml / ¬Ω en / 1 ¬° got d'aigua
30 ml / 2 cullerades de vinagre de vi
30 ml / 2 cullerades de farina de blat de moro (midó de blat de moro)
150 ml / ¬° pt / gran ¬Ω tassa d'aigua
45 ml / 3 cullerades de salsa de soja

Escalfeu l'oli i sofregiu la ceba i els bolets durant 2 minuts. Afegiu el sucre, les vieires, el gingebre, els brots de bambú, la sal i el pebre, tapeu i deixeu coure durant 5 minuts. Afegiu-hi aigua i vinagre, porteu-ho a ebullició, tapeu i deixeu-ho coure durant 5 minuts. Barrejar la farina de blat de moro i l'aigua en una pasta, barrejar-la a la paella i coure, remenant, fins que la salsa espesseixi. Amaniu amb salsa de soja i serviu.

vieires amb ou

per a 4 persones

45 ml / 3 cullerades d'oli de cacauet (cacauet).

350 g / 12 oz de vieires amb closca

25 g / 1 oz de pernil fumat, picat

30 ml / 2 cullerades de vi d'arròs o xerès sec

5 ml / 1 culleradeta de sucre

2,5 ml / ¬Ω culleradeta de sal

un polsim de pebre acabat de mòlta

2 ous lleugerament batuts

15 ml / 1 cullerada de salsa de soja

Escalfeu l'oli i sofregiu les vieires durant 30 segons. Afegir el pernil i sofregir durant 1 minut. Afegiu-hi vi o xerès, sucre, sal i pebre i sofregiu-ho durant 1 minut. Afegiu els ous i remeneu suaument a foc fort fins que els ingredients estiguin ben coberts amb l'ou. Servir regats amb salsa de soja.

vieires amb bròquil

per a 4 persones

350 g de vieires, tallades a rodanxes

3 rodanxes d'arrel de gingebre picada

½ pastanaga petita, tallada a rodanxes

1 gra d'all triturat

45 ml / 3 cullerades de farina normal (per a tots els propòsits)

2,5 ml / ½ culleradeta de bicarbonat de sodi (bicarbonat de sodi)

30 ml / 2 cullerades d'oli de cacauet

15 ml / 1 cullerada d'aigua

1 llesca de plàtan

oli per fregir

275 g / 10 oz de bròquil

sal

5 ml / 1 culleradeta d'oli de sèsam

2,5 ml / ½ culleradeta de salsa de xili

2,5 ml / ½ culleradeta de vinagre de vi

2,5 ml / ½ culleradeta de pasta de tomàquet (pasta)

Barrejar les vieires amb gingebre, pastanaga i all i deixar reposar. Barregeu la farina, el bicarbonat de sodi, 15 ml/1 cullerada d'oli i l'aigua en una pasta i arrebossem-hi les rodanxes de plàtan.

Escalfeu l'oli i fregiu els plàtans fins que estiguin daurats, després escorreu-los i disposeu-los a la planxa calenta. Mentrestant, coure el bròquil en aigua bullint amb sal fins que estigui suau, escorreu-lo. Escalfeu la resta d'oli amb oli de sèsam i sofregiu breument el bròquil, després repartiu-lo pel plat amb plàtans. Afegiu la salsa de xile, el vinagre i la pasta de tomàquet a la paella i sofregiu les vieires fins que estiguin cuites. Posar en un plat i servir immediatament.

Vieiras amb gingebre

per a 4 persones

45 ml / 3 cullerades d'oli de cacauet (cacauet).

2,5 ml / ¬Ω culleradeta de sal

3 rodanxes d'arrel de gingebre picada

2 caps de ceba vermella (bol), tallats a rodanxes més gruixudes

450 g / 1 lb de vieires sense closca, a la meitat

15 ml / 1 cullerada de farina de blat de moro (midó de blat de moro)

60 ml / 4 cullerades d'aigua

Escalfeu l'oli i sofregiu la sal i el gingebre durant 30 segons. Afegiu el cibulet i sofregiu fins que estigui daurat. Afegiu les vieires i sofregiu durant 3 minuts. Barregeu la farina de blat de moro i l'aigua en una pasta, afegiu-la a la paella i deixeu-ho coure a foc lent tot remenant fins que espesseixi. Serviu immediatament.

Vieiras amb pernil

per a 4 persones

450 g / 1 lb de vieires sense closca, a la meitat

250 ml / 1 tassa de vi d'arròs o xerès sec

1 ceba picada finament

2 llesques d'arrel de gingebre picada

2,5 ml / ¬Ω culleradeta de sal

100 g / 4 oz de pernil fumat, picat

Posar les vieires en un bol i afegir el vi o el xerès. Cobrir i marinar durant 30 minuts, girant de tant en tant, després escorreu les vieires i descarteu la marinada. Col·loqueu les vieires en una safata de forn amb la resta d'ingredients. Col·loqueu el plat a la reixeta de la vaporera, tapeu i coeu-ho al vapor en aigua bullint durant uns 6 minuts fins que les vieires estiguin toves.

Ous remenats amb vieires i herbes

per a 4 persones
225 g de vieires sense closca
30 ml / 2 cullerades de coriandre fresc picat
4 ous batuts
15 ml / 1 cullerada de vi d'arròs o xerès sec
sal i pebre recent mòlt
15 ml / 1 cullerada d'oli de cacauet

Col·loqueu les vieires al vapor i cuineu-les al vapor durant uns 3 minuts fins que estiguin completament cuites, depenent de la mida. Retirar del vapor i espolvorear amb coriandre. Bateu els ous amb vi o xerès i amaniu-los amb sal i pebre. Afegiu les vieires i el coriandre. Escalfeu l'oli i sofregiu la barreja d'ou i vieires, sense parar de remenar, fins que l'ou es curi. Serviu immediatament.

Vieiras i ceba fregida

per a 4 persones

45 ml / 3 cullerades d'oli de cacauet (cacauet).

1 llesca de ceba

450 g/1lb de vieires a quarts

sal i pebre recent mòlt

15 ml / 1 cullerada de vi d'arròs o xerès sec

Escalfeu l'oli i sofregiu la ceba fins que es marqui. Afegiu les vieires i fregiu-les fins que estiguin marrons clars. Salpebrem, regeixem amb vi o xerès i servim immediatament.

Vieiras amb verdures

per 4'6

4 bolets xinesos secs

2 cebes

30 ml / 2 cullerades d'oli de cacauet

3 tiges d'api, tallades en diagonal

225 g/8 oz de mongetes verdes, tallades en diagonal

10 ml / 2 culleradetes d'arrel de gingebre ratllada

1 gra d'all triturat

20 ml / 4 culleradetes de farina de blat de moro (midó de blat de moro)

250 ml / 8 fl oz / 1 tassa de brou de pollastre

30 ml / 2 cullerades de vi d'arròs o xerès sec

30 ml / 2 cullerades de salsa de soja

450 g/1lb de vieires a quarts

6 cebolletes (cebolletes), tallades a rodanxes

425 g / 15 oz de blat de moro en conserva a la panotxa

Remullar els bolets en aigua tèbia durant 30 minuts i després escórrer. Descartar les tiges i tallar-ne la part superior. Talleu la ceba a rodanxes i separeu les capes. Escalfeu l'oli i sofregiu la ceba, l'api, les mongetes, el gingebre i l'all durant 3 minuts. Barrejar la farina de blat de moro amb una mica de brou, després barrejar amb la resta del brou, vi o xerès i salsa de soja. Afegiu-ho al wok i deixeu-ho bullir, remenant. Afegim els bolets, les vieires, la ceba i el blat de moro i sofregim uns 5 minuts fins que les vieires estiguin toves.

Vieiras amb pebre vermell

per a 4 persones

30 ml / 2 cullerades d'oli de cacauet
3 cebolletes (cebolletes), picades
1 gra d'all triturat
2 llesques d'arrel de gingebre picada
2 pebrots vermells, tallats a daus
450 g / 1 lliura de vieires amb closca
30 ml / 2 cullerades de vi d'arròs o xerès sec
15 ml / 1 cullerada de salsa de soja
15 ml / 1 cullerada de salsa de mongetes grogues
5 ml / 1 culleradeta de sucre
5 ml / 1 culleradeta d'oli de sèsam

Escalfeu l'oli i sofregiu el cibulet, l'all i el gingebre durant 30 segons. Afegiu el pebre vermell i fregiu-ho durant 1 minut. Afegiu-hi les vieires i deixeu-ho coure durant 30 segons, després afegiu-hi el brou restant i deixeu-ho coure uns 3 minuts fins que les vieires estiguin tendres.

Calamars amb brots de soja

per a 4 persones

450 g / 1 lliura de calamars

30 ml / 2 cullerades d'oli de cacauet

15 ml / 1 cullerada de vi d'arròs o xerès sec

100 g de brots de soja

15 ml / 1 cullerada de salsa de soja

sal

1 pebrot vermell, ratllat

2 llesques d'arrel de gingebre, ratllades

2 cebolletes (cebolletes), ratllades

Traieu el cap, les tripes i la membrana dels calamars i talleu-los a trossos més grans. Talla un patró de creu a cada part. Porteu l'aigua a ebullició, afegiu-hi els calamars i deixeu-ho coure a foc lent fins que s'enrotlin els trossos, retireu-los i escorreu-los. Escalfeu la meitat de l'oli i fregiu ràpidament els calamars. Espolvorear amb vi o xerès. Mentrestant, escalfeu l'oli restant i fregiu els brots de soja fins que estiguin tous. Condimentar amb salsa de soja i sal. Col·loqueu els pebrots, el gingebre i el cibulet al voltant del plat de servir. Col·loqueu els brots de soja al mig i poseu-hi els calamars. Serviu immediatament.

calamars fregits

per a 4 persones

50 g / 2 oz de farina per a tot ús

25 g / 1 oz / ¬° tassa de maizena (maizena de blat de moro)

2,5 ml / ¬Ω culleradeta de llevat en pols

2,5 ml / ¬Ω culleradeta de sal

1 ou

75 ml / 5 cullerades d'aigua

15 ml / 1 cullerada d'oli de cacauet

450 g / 1 lliura de calamars, tallats en anelles

oli per fregir

Barregeu la farina, la maizena, el llevat, la sal, l'ou, l'aigua i l'oli a la massa. Submergeix els calamars a la massa fins que estiguin ben coberts. Escalfeu l'oli i fregiu els calamars tros a tros fins que estiguin daurats. Escórrer sobre paper de cuina abans de servir.

paquets de calamars

per a 4 persones

8 bolets xinesos secs

450 g / 1 lliura de calamars

100 g/4 oz de pernil fumat

100 g / 4 oz de tofu

1 ou batut

15 ml / 1 cullerada de farina per a tot ús

2,5 ml / ¬Ω culleradeta de sucre

2,5 ml / ¬Ω culleradeta d'oli de sèsam

sal i pebre recent mòlt

8 pells wonton

oli per fregir

Remullar els bolets en aigua tèbia durant 30 minuts i després escórrer. Descartar les tiges. Talleu els calamars i talleu-los en 8 trossos. Talleu el pernil i el tofu en 8 trossos. Poseu-los tots en un bol. Barrejar l'ou amb farina, sucre, oli de sèsam, sal i pebre. Aboqueu els ingredients en un bol i barregeu-los suaument. Col·loqueu la tapa de bolets i els trossos de calamar, pernil i tofu just sota el centre de cada closca de wonton. Doblegueu a la cantonada inferior, doblegueu cap al costat i enrotlleu, mulleu les vores amb aigua per segellar. Escalfeu l'oli i fregiu els trossos uns 8 minuts fins que estiguin daurats. Escorreu bé abans de servir.

rotllos de calamars fregits

per a 4 persones

45 ml / 3 cullerades d'oli de cacauet (cacauet).

225 g / 8 oz anells de calamar

1 pebrot verd gran, tallat a trossos

100 g / 4 oz de brots de bambú, tallats a rodanxes

2 caps de ceba vermella (envàs), tallats finament

1 llesca d'arrel de gingebre, ben picada

45 ml / 2 cullerades de salsa de soja

30 ml / 2 cullerades de vi d'arròs o xerès sec

15 ml / 1 cullerada de farina de blat de moro (midó de blat de moro)

15 ml / 1 cullerada de brou de peix o aigua

5 ml / 1 culleradeta de sucre

5 ml / 1 culleradeta de vinagre de vi

5 ml / 1 culleradeta d'oli de sèsam

sal i pebre recent mòlt

Escalfeu 15 ml / 1 cullerada d'oli i fregiu ràpidament els calamars fins que tanquin bé. Durant aquest temps, escalfeu la resta de l'oli en una paella a part i sofregiu els pebrots, els brots de bambú, la ceba i el gingebre durant 2 minuts. Afegir els calamars i sofregir durant 1 minut. Afegiu-hi la salsa de soja, el vi o xerès, el gra de blat de moro, el brou, el sucre, el vinagre i l'oli de sèsam i amaniu-ho amb sal i pebre. Fregir fins que la salsa s'aclareixi i espesseixi.

Calamars fregits

per a 4 persones

45 ml / 3 cullerades d'oli de cacauet (cacauet).
3 cebes tendra (bol), tallades a rodanxes gruixudes
2 llesques d'arrel de gingebre picada
450 g / 1 lliura de calamars, tallats a trossos
15 ml / 1 cullerada de salsa de soja
15 ml / 1 cullerada de vi d'arròs o xerès sec
5 ml / 1 culleradeta de farina de blat de moro (midó de blat de moro)
15 ml / 1 cullerada d'aigua

Escalfeu l'oli i sofregiu el cibulet i el gingebre fins que estiguin tendres. Afegiu-hi els calamars i sofregiu-los fins que estiguin coberts d'oli. Afegiu-hi la salsa de soja i el vi o xerès, tapeu-ho i deixeu-ho coure 2 minuts. Barregeu la farina de blat de moro i l'aigua fins a obtenir una pasta, afegiu-ho a la paella i deixeu-ho coure a foc lent, remenant, fins que la salsa espesseixi i els calamars estiguin tendres.

Calamars amb bolets secs

per a 4 persones

50 g / 2 oz de bolets xinesos secs
450 g / 1 lliura d'anells de calamar
45 ml / 3 cullerades d'oli de cacauet (cacauet).
45 ml / 3 cullerades de salsa de soja
2 caps de ceba vermella (envàs), tallats finament
1 rodanxa d'arrel de gingebre, picada
225 g de brots de bambú, tallats a tires
30 ml / 2 cullerades de farina de blat de moro (midó de blat de moro)
150 ml / ¬° pt / generosa ¬Ω tassa de brou de peix

Remullar els bolets en aigua tèbia durant 30 minuts i després escórrer. Descartar les tiges i tallar-ne la part superior. Escaldeu els calamars uns segons en aigua bullint. Escalfeu l'oli, afegiu-hi els bolets, la salsa de soja, les escalunyes i el gingebre i sofregiu-ho durant 2 minuts. Afegiu-hi els calamars i els brots de bambú i sofregiu-los durant 2 minuts. Barregeu la gra de blat de moro i la sopa i remeneu-ho a la paella. Coure a foc lent, remenant, fins que la salsa s'aclareixi i espesseixi.

Calamars amb verdures

per a 4 persones

45 ml / 3 cullerades d'oli de cacauet (cacauet).

1 llesca de ceba

5 ml / 1 culleradeta de sal

450 g / 1 lliura de calamars, tallats a trossos

100 g / 4 oz de brots de bambú, tallats a rodanxes

2 tiges d'api, tallades en diagonal

60 ml / 4 cullerades de brou de pollastre

5 ml / 1 culleradeta de sucre

100 g / 4 oz de pèsols de sucre

5 ml / 1 culleradeta de farina de blat de moro (midó de blat de moro)

15 ml / 1 cullerada d'aigua

Escalfeu l'oli i sofregiu la ceba i la sal fins que estigui lleugerament daurada. Afegiu-hi els calamars i sofregiu-los fins que estiguin banyats amb oli. Afegiu brots de bambú i api i sofregiu-ho durant 3 minuts. Afegiu-hi el fumet i el sucre, porteu-ho a ebullició, tapeu i deixeu-ho coure durant 3 minuts fins que les verdures estiguin toves. Afegiu la col. Barrejar la farina de blat de moro i l'aigua en una pasta, barrejar-la a la paella i coure, remenant, fins que la salsa espesseixi.

Carn bullida amb anís

per a 4 persones

30 ml / 2 cullerades d'oli de cacauet

Filet de 450 g / 1 lb

1 gra d'all triturat

45 ml / 3 cullerades de salsa de soja

15 ml / 1 cullerada d'aigua

15 ml / 1 cullerada de vi d'arròs o xerès sec

5 ml / 1 culleradeta de sal

5 ml / 1 culleradeta de sucre

2 grans d'anís

Escalfeu l'oli i fregiu la carn fins que quedi daurada per tots els costats. Afegiu-hi la resta d'ingredients, porteu-ho a ebullició, tapeu i deixeu coure uns 45 minuts, després doneu la volta a la carn, afegiu-hi una mica més d'aigua i salsa de soja si la carn s'està assecant. Cuini durant 45 minuts més fins que la carn estigui tendra. Aboqueu l'anís estrellat abans de servir.

vedella amb espàrrecs

per a 4 persones

450 g / 1 lliura de filet mignon, tallat a daus

30 ml / 2 cullerades de salsa de soja

30 ml / 2 cullerades de vi d'arròs o xerès sec

45 ml / 3 cullerades de farina de blat de moro (midó de blat de moro)

45 ml / 3 cullerades d'oli de cacauet (cacauet).

5 ml / 1 culleradeta de sal

1 gra d'all triturat

350 g / 12 oz d'espàrrecs

120 ml / 4 fl oz / ¬Ω tassa de brou de pollastre

15 ml / 1 cullerada de salsa de soja

Poseu el bistec en un bol. Barregeu la salsa de soja, el vi o el xerès i 30 ml/2 cullerades de gra de blat de moro, aboqueu-hi el filet i barregeu-ho bé. Deixar marinar durant 30 minuts. Escalfeu l'oli amb sal i all i sofregiu-los fins que els alls estiguin lleugerament daurats. Afegiu la carn i la marinada i sofregiu-ho durant 4 minuts. Afegiu-hi els espàrrecs i sofregiu-los suaument durant 2 minuts. Afegiu el brou i la salsa de soja, deixeu-ho bullir i deixeu-ho coure, remenant, durant 3 minuts fins que la carn estigui cuita. Barregeu la resta de gra de blat de moro amb una mica més d'aigua o brou i barregeu-ho amb la salsa. Coure a foc lent, remenant, durant uns minuts fins que la salsa s'aclareixi i espesseixi.

Carn amb brots de bambú

per a 4 persones

45 ml / 3 cullerades d'oli de cacauet (cacauet).
1 gra d'all triturat
1 ceba (ceba), picada
1 rodanxa d'arrel de gingebre, picada
225 g / 8 oz de vedella magra, tallada a tires
Brots de bambú de 100 g / 4 oz
45 ml / 3 cullerades de salsa de soja
15 ml / 1 cullerada de vi d'arròs o xerès sec
5 ml / 1 culleradeta de farina de blat de moro (midó de blat de moro)

Escalfeu l'oli i sofregiu l'all, el cibulet i el gingebre fins que quedin marrons clars. Afegiu-hi la carn i fregiu-la durant 4 minuts fins que estigui lleugerament daurada. Afegiu-hi brots de bambú i fregiu-los durant 3 minuts. Afegiu la salsa de soja, el vi o xerès i la maizena i sofregiu-ho durant 4 minuts.

Carn amb brots de bambú i bolets

per a 4 persones

225 g / 8 oz de carn magra

45 ml / 3 cullerades d'oli de cacauet (cacauet).

1 rodanxa d'arrel de gingebre, picada

100 g / 4 oz de brots de bambú, tallats a rodanxes

100 g / 4 oz de bolets, tallats a rodanxes

45 ml / 3 cullerades de vi d'arròs o xerès sec

5 ml / 1 culleradeta de sucre

10 ml / 2 culleradetes de salsa de soja

sal i pebre

120 ml / 4 fl oz / ¬Ω tassa de brou de vedella

15 ml / 1 cullerada de farina de blat de moro (midó de blat de moro)

30 ml / 2 cullerades d'aigua

Talleu la carn a rodanxes fines contra el gra. Escalfeu l'oli i sofregiu el gingebre durant uns segons. Afegiu la carn i fregiu fins que estigui daurada. Afegiu els brots de bambú i els bolets i sofregiu-ho durant 1 minut. Afegiu-hi vi o xerès, sucre i salsa de soja i amaniu-ho amb sal i pebre. Afegiu-hi el brou, deixeu-ho bullir, tapeu i deixeu-ho coure durant 3 minuts. Barrejar la farina de blat de moro i l'aigua, barrejar a la paella i coure, remenant, fins que la salsa espesseixi.

Carn rostida xinesa

per a 4 persones

45 ml / 3 cullerades d'oli de cacauet (cacauet).
900 g/2 lliures de bistec rostit
1 ceba (ceba), tallat a rodanxes
1 gra d'all picat
1 rodanxa d'arrel de gingebre, picada
60 ml / 4 cullerades de salsa de soja
30 ml / 2 cullerades de vi d'arròs o xerès sec
5 ml / 1 culleradeta de sucre
5 ml / 1 culleradeta de sal
un polsim de pebre
750 ml / 1r punt / 3 tasses d'aigua bullint

Escalfeu l'oli i fregiu ràpidament la carn per tots els costats. Afegiu-hi cibulet, all, gingebre, salsa de soja, vi o xerès, sucre, sal i pebre. Portar a ebullició, remenar. Afegir aigua bullint, tornar a bullir, remenar, tapar i coure unes 2 hores fins que la carn estigui tendra.

Carn de brot de soja

per a 4 persones

450 g / 1 lb de vedella magra, tallada a rodanxes

1 clara d'ou

30 ml / 2 cullerades d'oli de cacauet

15 ml / 1 cullerada de farina de blat de moro (midó de blat de moro)

15 ml / 1 cullerada de salsa de soja

100 g de brots de soja

25 g/1 oz de xucrut, picat

1 pebrot vermell, ratllat

2 cebolletes (cebolletes), ratllades

2 llesques d'arrel de gingebre, ratllades

sal

5 ml / 1 culleradeta de salsa d'ostres

5 ml / 1 culleradeta d'oli de sèsam

Barrejar la carn amb la clara d'ou, la meitat de l'oli, la maizena i la salsa de soja i deixar reposar 30 minuts. Blanqueu els germinats de soja en aigua bullint durant uns 8 minuts fins que estiguin gairebé tous i després esbandiu-los. Escalfeu l'oli restant i fregiu la carn fins que estigui lleugerament daurada, retireu-la de la paella. Afegiu el xucrut, els pebrots, el gingebre, la sal, la salsa d'ostres i l'oli de sèsam i sofregiu durant 2 minuts. Afegiu els brots de soja i sofregiu-los durant 2 minuts. Torneu a posar la carn a la paella i fregiu-la fins que estigui ben combinada i escalfada. Serviu immediatament.

Carn de vedella amb bròquil

per a 4 persones

450 g / 1 lliura de filet mignon, tallat a rodanxes fines

30 ml / 2 cullerades de farina de blat de moro (midó de blat de moro)

15 ml / 1 cullerada de vi d'arròs o xerès sec

15 ml / 1 cullerada de salsa de soja

30 ml / 2 cullerades d'oli de cacauet

5 ml / 1 culleradeta de sal

1 gra d'all triturat

225 g de bròquil

150 ml / ¬° pt / generosa ¬Ω tassa de brou de vedella

Poseu el bistec en un bol. Barrejar 15 ml / 1 cullerada de gra de blat de moro amb vi o xerès i salsa de soja, afegir la carn i deixar marinar 30 minuts. Escalfeu l'oli amb sal i all i sofregiu-los fins que els alls estiguin lleugerament daurats. Afegiu el filet i la marinada i sofregiu-ho durant 4 minuts. Afegiu-hi el bròquil i fregiu-ho durant 3 minuts. Afegiu-hi el brou, deixeu-ho bullir, tapeu i deixeu-ho coure 5 minuts fins que el bròquil estigui tendre però encara cruixent. Barregeu la resta de gra de blat de moro amb una mica d'aigua i barregeu-ho amb la salsa. Coure a foc lent, remenant fins que la salsa sigui lleugera i espessa.

Carn amb sèsam i bròquil

per a 4 persones

150 g/5 oz de vedella magra, tallada a rodanxes fines

2,5 ml / ¬Ω culleradetes de salsa d'ostres

5 ml / 1 culleradeta de farina de blat de moro (midó de blat de moro)

5 ml / 1 culleradeta de vinagre de vi blanc

60 ml / 4 cullerades d'oli de cacauet

100 g de bròquil

5 ml / 1 culleradeta de salsa de peix

2,5 ml / ¬Ω culleradeta de salsa de soja

250 ml / 8 fl oz / 1 tassa de brou de vedella

30 ml / 2 cullerades de llavors de sèsam

Marinar la carn amb salsa d'ostres, 2,5 ml/¬Ω culleradeta de farina de blat de moro, 2,5 ml/¬Ω culleradeta de vinagre de vi i 15 ml/¬Ω culleradeta d'oli durant 1 hora.

Mentrestant, escalfeu 15 ml/1 cullerada d'oli, afegiu-hi el bròquil, 2,5 ml/¬Ω culleradetes de salsa de peix, la salsa de soja i la resta de vinagre i cobriu-ho amb aigua bullint. Coure a foc lent durant uns 10 minuts fins que estigui suau.

En una paella a part, escalfeu 30 ml / 2 cullerades d'oli i fregiu breument la carn fins que estigui daurada. Afegiu el brou, la resta de gra de blat de moro i la salsa de peix, porteu-ho a ebullició, tapeu i deixeu-ho coure uns 10 minuts fins que la carn estigui tendra. Escorreu el bròquil i poseu-lo al foc. Col·loqueu la carn per sobre i empolseu-ho generosament amb llavors de sèsam.

Carn de vaca

per a 4 persones

450 g / 1 lliura de bistec magre, tallat a rodanxes
60 ml / 4 cullerades de salsa de soja
2 grans d'all, picats
5 ml / 1 culleradeta de sal
2,5 ml / ¬Ω culleradeta de pebre recent mòlt
10 ml / 2 culleradetes de sucre

Barregeu tots els ingredients i deixeu-ho coure suaument durant 3 hores. Fregir o fregir (enfornar) a una graella calenta durant uns 5 minuts per cada costat.

Carn de vedella cantonesa

per a 4 persones

30 ml / 2 cullerades de farina de blat de moro (midó de blat de moro)

2 clares batuts

450 g / 1 lliura de vedella, tallada a tires

oli per fregir

4 tiges d'api, tallades a rodanxes

2 cebes tallades a rodanxes

60 ml / 4 cullerades d'aigua

20 ml / 4 culleradetes de sal

75 ml / 5 cullerades de salsa de soja

60 ml / 4 cullerades de vi d'arròs o xerès sec

30 ml / 2 cullerades de sucre

pebre recent mòlt

Barreja la meitat de la maizena amb la neu clara d'ou. Afegiu-hi el filet i remeneu-lo per arrebossar la carn amb la massa. Escalfeu l'oli i fregiu el filet fins que estigui daurat. Retirar del bol i escórrer sobre paper de cuina. Escalfeu 15 ml / 1 cullerada d'oli i sofregiu l'api i la ceba durant 3 minuts. Afegiu-hi la carn, l'aigua, la sal, la salsa de soja, el vi o xerès i el sucre i amaniu-ho amb pebre. Portar a ebullició i coure, remenant, fins que la salsa espesseixi.

vedella amb pastanaga

per a 4 persones

30 ml / 2 cullerades d'oli de cacauet
450 g / 1 lb de vedella magra, tallada a daus
2 cebolletes (cebolletes), tallades a rodanxes
2 grans d'all, picats
1 rodanxa d'arrel de gingebre, picada
250 ml / 8 fl oz / 1 tassa de salsa de soja
30 ml / 2 cullerades de vi d'arròs o xerès sec
30 ml / 2 cullerades de sucre moreno
5 ml / 1 culleradeta de sal
600 ml / 1 pt / 2 Ω tasses d'aigua
4 pastanagues, tallades en diagonal

Escalfeu l'oli i fregiu la carn fins que quedi lleugerament daurada. Escorreu l'excés d'oli i afegiu-hi el cibulet, l'all, el gingebre i sofregiu l'anís durant 2 minuts. Afegiu-hi la salsa de soja, el vi o xerès, el sucre i la sal i barregeu-ho bé. Afegir aigua, portar a ebullició, tapar i coure durant 1 hora. Afegiu les pastanagues, tapeu i deixeu-ho coure durant 30 minuts més. Traieu la tapa i cuini a foc lent fins que la salsa es redueixi.

Carn amb anacards

per a 4 persones

60 ml / 4 cullerades d'oli de cacauet

450 g / 1 lliura de filet mignon, tallat a rodanxes fines

8 cebolletes (cebolletes), tallades a trossos

2 grans d'all, picats

1 rodanxa d'arrel de gingebre, picada

75 g / 3 oz / ¬œ tassa d'anacards rostits

120 ml / 4 fl oz / ¬Ω tassa d'aigua

20 ml / 4 culleradetes de farina de blat de moro (midó de blat de moro)

20 ml / 4 culleradetes de salsa de soja

5 ml / 1 culleradeta d'oli de sèsam

5 ml / 1 culleradeta de salsa d'ostres

5 ml / 1 culleradeta de salsa de xili

Escalfeu la meitat de l'oli i sofregiu la carn fins que estigui lleugerament daurada. Retirar de la nevera. Escalfeu l'oli restant i sofregiu el cibulet, l'all, el gingebre i els anacards durant 1 minut. Torneu la carn a la paella. Barregeu la resta i barregeu la barreja a la paella. Deixeu-ho bullir i coeu-ho tot remenant fins que la mescla espesseixi.

Guisat de carn per a cocció lenta

per a 4 persones

30 ml / 2 cullerades d'oli de cacauet

450 g / 1 lb de vedella cuita, tallada a daus

3 rodanxes d'arrel de gingebre picada

3 pastanagues a rodanxes

1 remolatxa tallada a daus

15 ml/1 cullerada de dàtils negres sense pinyol

15 ml / 1 cullerada de llavors de lotus

30 ml / 2 cullerades de pasta de tomàquet (pasta)

10 ml / 2 cullerades de sal

900 ml / punt 1¬Ω / 3¬œ tasses de brou de vedella

250 ml / 1 tassa de vi d'arròs o xerès sec

Escalfeu l'oli en una paella gran o antiadherent i fregiu la carn fins que estigui daurada per tots els costats.

Carn amb coliflor

per a 4 persones

225 g / 8 oz de floretes de coliflor
oli per fregir
225 g de vedella, tallada a tires
50 g de brots de bambú, tallats a tires
10 castanyes d'aigua tallades a tires
120 ml / 4 fl oz / ½ tassa de brou de pollastre
15 ml / 1 cullerada de salsa de soja
15 ml / 1 cullerada de salsa d'ostres
15 ml / 1 cullerada de pasta de tomàquet (pasta)
15 ml / 1 cullerada de farina de blat de moro (midó de blat de moro)
2,5 ml / ½ culleradeta d'oli de sèsam

Bulliu la coliflor durant 2 minuts en aigua bullint i escorreu-la. Escalfeu l'oli i fregiu la coliflor fins que estigui lleugerament daurada. Retirar i escórrer sobre paper de cuina. Torneu a escalfar l'oli i sofregiu la carn fins que estigui lleugerament daurada, traieu-la i deixeu-la escórrer. Aboqueu-hi tot menys 15 ml/1 culleradeta d'oli i fregiu els brots de bambú i les castanyes d'aigua durant 2 minuts. Afegiu-hi la resta, deixeu-ho bullir i deixeu-ho coure, remenant, fins que la salsa espesseixi. Torneu la carn i la coliflor a la paella i escalfeu suaument. Serviu immediatament.

Vedella amb api

per a 4 persones

100 g d'api tallat a tires

45 ml / 3 cullerades d'oli de cacauet (cacauet).

2 cebolletes (cebolletes), picades

1 rodanxa d'arrel de gingebre, picada

225 g / 8 oz de vedella magra, tallada a tires

30 ml / 2 cullerades de salsa de soja

30 ml / 2 cullerades de vi d'arròs o xerès sec

2,5 ml / ¬Ω culleradeta de sucre

2,5 ml / ¬Ω culleradeta de sal

Escaldeu l'api en aigua bullint durant 1 minut, després esbandiu bé. Escalfeu l'oli i sofregiu la ceba i el gingebre fins que estiguin lleugerament daurats. Afegiu-hi la carn i fregiu-la durant 4 minuts. Afegiu l'api i fregiu-ho durant 2 minuts. Afegiu la salsa de soja, el vi o xerès, el sucre i la sal i sofregiu-ho durant 3 minuts.

Llesques de carn fregida amb api

per a 4 persones

30 ml / 2 cullerades d'oli de cacauet

450 g / 1 lb de vedella magra, tallada a rodanxes

3 tiges d'api, picades

1 ceba, ratllada

1 ceba (ceba), tallat a rodanxes

1 rodanxa d'arrel de gingebre, picada

30 ml / 2 cullerades de salsa de soja

15 ml / 1 cullerada de vi d'arròs o xerès sec

2,5 ml / ¬Ω culleradeta de sucre

2,5 ml / ¬Ω culleradeta de sal

10 ml / 2 culleradetes de farina de blat de moro (midó de blat de moro)

30 ml / 2 cullerades d'aigua

Escalfeu la meitat de l'oli fins que estigui ben calent i sofregiu la carn durant 1 minut fins que estigui daurada. Retirar de la nevera. Escalfeu l'oli restant i sofregiu l'api, la ceba, el cibulet i el gingebre fins que estiguin suaus. Torneu la carn a la paella amb salsa de soja, vi o xerès, sucre i sal, bulliu-la i fregiu-la fins que s'escalfi. Barrejar la farina de blat de moro i l'aigua, remenar a la paella i coure fins que la salsa espesseixi. Serviu immediatament.

Carn de vedella ratllada amb pollastre i api

per a 4 persones

4 bolets xinesos secs

45 ml / 3 cullerades d'oli de cacauet (cacauet).

2 grans d'all, picats

1 arrel de gingebre, tallada a rodanxes, picada

5 ml / 1 culleradeta de sal

100 g/4 oz de vedella magra, tallada a tires

100 g / 4 oz de pollastre, tallat a tires

2 pastanagues, tallades a tires

2 tiges d'api, tallades a tires

4 cebolletes (cebolletes), tallades a tires

5 ml / 1 culleradeta de sucre

5 ml / 1 culleradeta de salsa de soja

5 ml / 1 culleradeta de vi d'arròs o xerès sec

45 ml / 3 cullerades d'aigua

5 ml / 1 culleradeta de farina de blat de moro (midó de blat de moro)

Remullar els bolets en aigua tèbia durant 30 minuts i després escórrer. Descartar les tiges i tallar-ne la part superior. Escalfeu l'oli i sofregiu l'all, el gingebre i la sal fins que estigui lleugerament daurat. Afegiu la carn i el pollastre i fregiu-los fins que estiguin daurats. Afegiu l'api, el cibulet, el sucre, la salsa de soja, el vi o el xerès i l'aigua i deixeu-ho bullir. Tapeu i deixeu coure uns 15 minuts, fins que la carn estigui tendra. Barrejar la farina de blat de moro amb una mica d'aigua, barrejar amb la salsa i coure, remenant, fins que la salsa espesseixi.

Carn de vedella amb Xile

per a 4 persones

450 g / 1 lliura de filet mignon, tallat a tires
45 ml / 3 cullerades de salsa de soja
15 ml / 1 cullerada de vi d'arròs o xerès sec
15 ml / 1 cullerada de sucre moreno
15 ml / 1 cullerada d'arrel de gingebre ben picada
30 ml / 2 cullerades d'oli de cacauet
50 g de brots de bambú, tallats a bastonets
1 ceba tallada a tires
1 tija d'api tallada en pals
2 pebrots vermells, sense llavors i tallats a tires
120 ml / 4 fl oz / ¬Ω tassa de brou de pollastre
15 ml / 1 cullerada de farina de blat de moro (midó de blat de moro)

Poseu el bistec en un bol. Barregeu la salsa de soja, el vi o el xerès, el sucre i el gingebre i remeneu-ho al filet. Deixar marinar 1 hora. Traieu el filet de la marinada. Escalfeu la meitat de l'oli i sofregiu els brots de bambú, la ceba, l'api i el pebrot durant 3 minuts, després retireu-los de la paella. Escalfeu la resta d'oli i sofregiu les escalopes durant 3 minuts. Afegiu la marinada, bulliu i afegiu-hi les verdures guisades. Coure a foc lent remenant durant 2 minuts. Barregeu la sopa i el gra de blat de moro i afegiu-lo a la paella. Portar a ebullició i coure, remenant, fins que la salsa s'aclareixi i espesseixi.

Carn amb col xinesa

per a 4 persones

225 g / 8 oz de carn magra

30 ml / 2 cullerades d'oli de cacauet

350 g / 12 oz de bok choy, picat

120 ml / 4 fl oz / ½ tassa de brou de vedella

sal i pebre recent mòlt

10 ml / 2 culleradetes de farina de blat de moro (midó de blat de moro)

30 ml / 2 cullerades d'aigua

Talleu la carn a rodanxes fines contra el gra. Escalfeu l'oli i fregiu la carn fins que estigui daurada. Afegiu-hi el bok choy i salteu-ho fins que estigui lleugerament suavitzat. Afegiu-hi el brou, deixeu-ho bullir i rectifiqueu de sal i pebre. Tapar i coure durant 4 minuts fins que la carn estigui tendra. Barrejar la farina de blat de moro i l'aigua, barrejar a la paella i coure, remenant, fins que la salsa espesseixi.

Suey de vedella

per a 4 persones

3 tiges d'api, tallades a rodanxes

100 g de brots de soja

100 g de bròquil

60 ml / 4 cullerades d'oli de cacauet

3 cebolletes (cebolletes), picades

2 grans d'all, picats

1 rodanxa d'arrel de gingebre, picada

225 g / 8 oz de vedella magra, tallada a tires

45 ml / 3 cullerades de salsa de soja

15 ml / 1 cullerada de vi d'arròs o xerès sec

5 ml / 1 culleradeta de sal

2,5 ml / ¬Ω culleradeta de sucre

pebre recent mòlt

15 ml / 1 cullerada de farina de blat de moro (midó de blat de moro)

Renteu els brots d'api, de soja i de bròquil en aigua bullint durant 2 minuts, després esbandiu i assequeu-los. Escalfeu 45 ml / 3 cullerades d'oli i sofregiu el cibulet, l'all i el gingebre fins que estiguin daurats. Afegiu-hi la carn i fregiu-la durant 4 minuts. Retirar de la nevera. Escalfeu l'oli restant i fregiu les verdures durant 3 minuts. Afegiu-hi la carn, la salsa de soja, el vi o xerès, la sal, el sucre i una mica de pebre i sofregiu-ho durant 2 minuts. Barregeu la farina de blat de moro amb una mica d'aigua, barregeu-la a la paella i deixeu-ho coure, remenant, fins que la salsa s'aclareixi i espesseixi.

Vedella amb cogombres

per a 4 persones

450 g / 1 lliura de filet mignon, tallat a rodanxes fines
45 ml / 3 cullerades de salsa de soja
30 ml / 2 cullerades de farina de blat de moro (midó de blat de moro)
60 ml / 4 cullerades d'oli de cacauet
2 cogombres, pelats, sense llavors i tallats a rodanxes
60 ml / 4 cullerades de brou de pollastre
30 ml / 2 cullerades de vi d'arròs o xerès sec
sal i pebre recent mòlt

Poseu el bistec en un bol. Barregeu la salsa de soja i el gra de blat de moro i afegiu-hi el bistec. Deixar marinar durant 30 minuts. Escalfeu la meitat de l'oli i sofregiu els cogombres durant 3 minuts fins que quedin transparents, i després retireu-los de la paella. Escalfeu la resta d'oli i fregiu el filet fins que estigui daurat. Afegiu els cogombres i fregiu-los durant 2 minuts. Afegiu-hi brou, vi o xerès i amaniu-ho amb sal i pebre. Portar a ebullició, tapar i coure durant 3 minuts.

Chow Mein de vedella

per a 4 persones

750 g / 1 ¬Ω lb filet mignon

2 cebes

45 ml / 3 cullerades de salsa de soja

45 ml / 3 cullerades de vi d'arròs o xerès sec

15 ml / 1 cullerada de mantega de cacauet

5 ml / 1 culleradeta de suc de llimona

350 g de fideus d'ou

60 ml / 4 cullerades d'oli de cacauet

175 ml / 6 fl oz / ¬œ tassa de brou de pollastre

15 ml / 1 cullerada de farina de blat de moro (midó de blat de moro)

30 ml / 2 cullerades de salsa d'ostres

4 cebolletes (cebolletes), picades

3 tiges d'api, tallades a rodanxes

100 g / 4 oz de bolets, tallats a rodanxes

1 pebrot verd tallat a tires

100 g de brots de soja

Tallar i descartar el greix de la carn. Talleu transversalment a rodanxes fines. Talleu la ceba a rodanxes i separeu les capes.

Barregeu 15 ml / 1 cullerada de salsa de soja amb 15 ml / 1 cullerada de vi o xerès, mantega de cacauet i suc de llimona. Afegir la carn, tapar i deixar reposar 1 hora. Coure els fideus en aigua bullint uns 5 minuts o fins que estiguin tendres. Assecar bé. Escalfeu 15 ml / 1 cullerada d'oli, afegiu-hi 15 ml / 1 cullerada de salsa de soja i els fideus i sofregiu durant 2 minuts fins que estiguin daurats. Transferir a un plat calent.

Barregeu la resta de la salsa de soja i el vi o xerès amb el brou, la farina de blat de moro i la salsa d'ostres. Escalfeu 15 ml / 1 cullerada d'oli i sofregiu la ceba durant 1 minut. Afegiu-hi l'api, els xampinyons, el pebre i els brots de soja i sofregiu durant 2 minuts. Retirar del wok. Escalfeu l'oli restant i fregiu la carn fins que estigui daurada. Afegiu la barreja de sopa, porteu-ho a ebullició, tapeu i deixeu-ho coure durant 3 minuts. Torneu les verdures al wok i cuini, remenant, fins que s'escalfi, uns 4 minuts. Aboqueu la barreja sobre els fideus i serviu.

filet de cogombre

per a 4 persones

450 g / 1 lliura de filet mignon

10 ml / 2 culleradetes de farina de blat de moro (midó de blat de moro)

10 ml / 2 culleradetes de sal

2,5 ml / ¬Ω culleradeta de pebre recent mòlt

90 ml / 6 cullerades d'oli de cacauet (cacauet).

1 ceba picada finament

1 cogombre, pelat i tallat a rodanxes

120 ml / 4 fl oz / ¬Ω tassa de brou de vedella

Talleu el filet a tires i després a rodanxes fines contra el gra. Posar en un bol i afegir maizena, sal, pebre i la meitat de l'oli. Deixar marinar durant 30 minuts. Escalfeu l'oli restant i sofregiu la carn i la ceba fins que estiguin lleugerament daurades. Afegiu els cogombres i el brou, porteu-ho a ebullició, tapeu i deixeu-ho coure durant 5 minuts.

curry de vedella rostida

per a 4 persones

45 ml / 3 cullerades de mantega

15 ml / 1 cullerada de curri en pols

45 ml / 3 cullerades de farina normal (per a tots els propòsits)

375 ml / 13 fl oz / 1 Ω tassa de llet

15 ml / 1 cullerada de salsa de soja

sal i pebre recent mòlt

450 g / 1 lliura de vedella cuita, mòlta

100 g / 4 oz de pèsols

2 pastanagues, picades

2 cebes picades

225 g / 8 oz d'arròs de gra llarg, cuit, calent

1 ou dur (bullit), tallat a rodanxes

Fondre la mantega, afegir el curri en pols i la farina i coure durant 1 minut. Afegiu-hi la llet i la salsa de soja, deixeu-ho bullir i deixeu-ho coure durant 2 minuts. Afegiu sal i pebre. Afegiu-hi la carn, els pèsols, les pastanagues i les cebes i barregeu-ho bé amb la salsa. Afegiu l'arròs, transferiu la barreja a una safata de forn i coure al forn preescalfat a 200 °C / 400 °F / marca de gas 6 durant 20 minuts fins que les verdures estiguin tendres. Serviu-ho guarnit amb rodanxes d'ou cuit.

Truita de pernil i castanyes

2 racions

30 ml / 2 cullerades d'oli de cacauet

1 ceba picada

1 gra d'all triturat

50 g de pernil picat

50 g / 2 oz de castanyes d'aigua, picades

15 ml / 1 cullerada de salsa de soja

50 g/2 oz de formatge cheddar

3 ous batuts

Escalfeu la meitat de l'oli i sofregiu la ceba, l'all, el pernil, la castanya d'aigua i la salsa de soja fins que estiguin daurats. Traieu-los de la paella. Escalfeu l'oli restant, afegiu-hi els ous i poseu l'ou al centre quan comenci a endurir-se perquè l'ou cru pugui lliscar per sota. Quan l'ou estigui llest, s'aboca la barreja amb el pernil a la meitat de la truita, s'hi posa formatge i l'altra meitat de la truita s'hi barreja. Tapeu-ho i deixeu-ho coure 2 minuts, després gireu-ho i deixeu-ho coure 2 minuts més fins que estigui daurat.

truita de llamàntol

per a 4 persones

4 ous

sal i pebre recent mòlt

30 ml / 2 cullerades d'oli de cacauet

3 cebolletes (cebolletes), picades

100 g / 4 oz de carn de llagosta, picada

Bateu els ous lleugerament i rectifiqueu-los de sal i pebre. Escalfeu l'oli i sofregiu la ceba tendra durant 1 minut. Afegiu el llamàntol i remeneu-ho fins que estigui cobert d'oli. Aboqueu els ous a la paella i inclineu la paella perquè l'ou cobreixi la superfície. Aixequeu les vores de la truita quan col·loqueu els ous perquè l'ou cru pugui lliscar per sota. Cuinar fins que estigui fet, després dividir per la meitat i servir alhora.

truita d'ostres

per a 4 persones

4 ous

120 ml / 4 fl oz / ½ tassa de llet

12 ostres pelades

3 cebolletes (cebolletes), picades

sal i pebre recent mòlt

30 ml / 2 cullerades d'oli de cacauet

50 g/2 oz de carn de porc magra, picada

50 g / 2 oz de bolets, a rodanxes

50 g de brots de bambú, tallats a rodanxes

Bateu lleugerament els ous juntament amb la llet, les ostres, el cibulet, la sal i el pebre. Escalfeu l'oli i sofregiu la carn de porc fins que estigui lleugerament daurada. Afegiu-hi els bolets i els brots de bambú i sofregiu-los durant 2 minuts. Aboqueu la barreja d'ou a la paella i deixeu-ho coure, aixecant les vores de la truita a mesura que es col·loquen els ous perquè l'ou cru pugui degotejar per sota. Cuini fins que estigui feta, després doblegueu per la meitat, gireu la truita i deixeu-ho coure fins que es dauri lleugerament per l'altre costat. Serviu immediatament.

truita de gambes

per a 4 persones

4 ous

15 ml / 1 cullerada de vi d'arròs o xerès sec

sal i pebre recent mòlt

30 ml / 2 cullerades d'oli de cacauet

1 rodanxa d'arrel de gingebre, picada

225 g / 8 oz de gambes pelades

Bateu lleugerament els ous amb el vi o el xerès i amaniu-los amb sal i pebre. Escalfeu l'oli i fregiu el gingebre fins que quedi marró clar. Afegiu-hi les gambes i remeneu-ho fins que estigui cobert d'oli. Aboqueu els ous a la paella i inclineu la paella de manera que l'ou cobreixi la superfície. Aixequeu les vores de la truita quan col·loqueu els ous perquè l'ou cru pugui lliscar per sota. Cuinar fins que estigui fet, després dividir per la meitat i servir alhora.

Truita de vieires

per a 4 persones

4 ous

5 ml / 1 culleradeta de salsa de soja

sal i pebre recent mòlt

30 ml / 2 cullerades d'oli de cacauet

3 cebolletes (cebolletes), picades

225 g de vieires, tallades per la meitat

Bateu lleugerament els ous amb salsa de soja i amaniu-los amb sal i pebre. Escalfeu l'oli i sofregiu el cibulet fins que quedi marró clar. Afegiu les vieires i sofregiu durant 3 minuts. Aboqueu els ous a la paella i inclineu la paella perquè l'ou cobreixi la superfície. Aixequeu les vores de la truita quan col·loqueu els ous perquè l'ou cru pugui lliscar per sota. Cuinar fins que estigui fet, després dividir per la meitat i servir alhora.

Pastís d'ou amb tofu

per a 4 persones

4 ous

sal i pebre recent mòlt

30 ml / 2 cullerades d'oli de cacauet

225 g / 8 oz de tofu, picat

Bateu els ous lleugerament i rectifiqueu-los de sal i pebre. Escalfeu l'oli, afegiu-hi el tofu i fregiu fins que estigui calent. Aboqueu els ous a la paella i inclineu la paella perquè l'ou cobreixi la superfície. Aixequeu les vores de la truita quan col·loqueu els ous perquè l'ou cru quedi per sota. Cuinar fins que estigui fet, després dividir per la meitat i servir alhora.

Truita de porc farcida

per a 4 persones

50 g de brots de soja
60 ml / 4 cullerades d'oli de cacauet
225 g / 8 oz de carn de porc magra, tallada a daus
3 cebolletes (cebolletes), picades
1 tija d'api picada
15 ml / 1 cullerada de salsa de soja
5 ml / 1 culleradeta de sucre
4 ous lleugerament batuts
sal

Escalfeu els brots de soja en aigua bullint durant 3 minuts i després escorreu-los bé. Escalfeu la meitat de l'oli i sofregiu la carn de porc fins que estigui lleugerament daurada. Afegiu-hi el cibulet i l'api i sofregiu-ho durant 1 minut. Afegiu la salsa de soja i el sucre i sofregiu durant 2 minuts. Retirar de la nevera. Saleu els ous batuts. Escalfeu l'oli restant i aboqueu els ous a la paella, inclinant la paella perquè l'ou cobreixi la superfície. Aixequeu les vores de la truita quan col·loqueu els ous perquè l'ou cru pugui lliscar per sota. Poseu el farcit al mig de la truita i doblegueu-la per la meitat. Cuini fins que estigui fet i serveix.

Tortilla farcida de gambes

per a 4 persones

30 ml / 2 cullerades d'oli de cacauet

2 tiges d'api, picades

2 cebolletes (cebolletes), picades

225 g / 8 oz de gambes pelades, a la meitat

4 ous lleugerament batuts

sal

Escalfeu la meitat de l'oli i sofregiu l'api i la ceba fins que estiguin lleugerament daurats. Afegiu-hi els llagostins i fregiu-los fins que estigui ben calent. Retirar de la nevera. Saleu els ous batuts. Escalfeu l'oli restant i aboqueu els ous a la paella, inclinant la paella perquè l'ou cobreixi la superfície. Aixequeu les vores de la truita quan col·loqueu els ous perquè l'ou cru pugui lliscar per sota. Poseu el farcit al mig de la truita i doblegueu-la per la meitat. Cuini fins que estigui fet i serveix.

Truites al vapor amb farciment de pollastre

per a 4 persones

4 ous lleugerament batuts

sal

15 ml / 1 cullerada d'oli de cacauet

100 g / 4 oz de pollastre cuit, picat

2 llesques d'arrel de gingebre picada

1 ceba picada

120 ml / 4 fl oz / ½ tassa de brou de pollastre

15 ml / 1 cullerada de vi d'arròs o xerès sec

Batre els ous i afegir sal. Escalfeu una mica d'oli i aboqueu-hi una quarta part dels ous, després aboqueu la barreja a la paella. Fregiu fins que estigui lleugerament daurat per un costat i deixeu-ho reposar, després doneu-li la volta en un plat. Cuini les 4 truites restants. Barrejar el pollastre, el gingebre i la ceba. Repartiu la barreja uniformement entre les truites, enrotlleu-les, fixeu-les amb palets de còctel i col·loqueu els rotllos en una safata de forn poc profund. Col·loqueu sobre una reixeta en una vaporera, tapeu i coeu-ho al vapor durant 15 minuts. Transferiu-lo a un full calent i talleu-lo a rodanxes més gruixudes. Mentrestant, escalfeu el brou i el xerès i afegiu-hi sal. Aboqueu les truites i serviu.

creps d'ostres

Per a 4 a 6 porcions

12 ostres

4 ous lleugerament batuts

3 cebes tendra, tallades a rodanxes

sal i pebre recent mòlt

6 ml / 4 cullerades de farina per a tot ús

2,5 ml / ½ culleradeta de llevat en pols

45 ml / 3 cullerades d'oli de cacauet (cacauet).

Pelar les ostres, separar 60 ml / 4 cullerades de licor i tallar-les a trossos. Barrejar els ous amb les ostres, el cibulet, sal i pebre. Barregeu la farina i el llevat en pols, barregeu-ho fins a obtenir una massa amb les ostres, després barregeu la barreja amb els ous. Escalfeu oli i fregiu cullerades de massa per fer petites creps. Fregiu fins que estigui lleugerament daurat per cada costat, després afegiu una mica més d'oli a la paella i continueu fins que s'esgoti tota la barreja.

Pancakes de gambes

per a 4 persones

50 g / 4 oz de gambes pelades, picades

4 ous lleugerament batuts

75 g / 3 oz / ½ tassa de farina de blat integral

sal i pebre recent mòlt

120 ml / 4 fl oz / ½ tassa de brou de pollastre

2 cebolletes (cebolletes), picades

30 ml / 2 cullerades d'oli de cacauet

Barregeu tots els ingredients excepte l'oli. Escalfeu una mica d'oli, aboqueu-hi una quarta part de la massa, inclineu la paella perquè s'escampi pel fons. Enfornar fins que estigui lleugerament daurat a la part inferior, després girar i coure per l'altre costat. Traieu de la paella i continueu cuinant les creps restants.

Ous remenats xinesos

per a 4 persones

4 ous batuts
2 cebolletes (cebolletes), picades
un polsim de sal
5 ml / 1 culleradeta de salsa de soja (opcional)
30 ml / 2 cullerades d'oli de cacauet

Bateu els ous amb el cibulet, la sal i la salsa de soja si feu servir. Escalfeu l'oli i aboqueu-hi la barreja d'ou. Barrejar suaument amb una forquilla fins que els ous estiguin ferms. Serviu immediatament.

Ous remenats amb peix

per a 4 persones

225 g de filet de peix
30 ml / 2 cullerades d'oli de cacauet
1 rodanxa d'arrel de gingebre, picada
2 cebolletes (cebolletes), picades
4 ous lleugerament batuts
sal i pebre recent mòlt

Col·loqueu el peix en una safata apta per al forn i poseu-lo sobre una reixeta al vapor. Tapeu i coeu al vapor durant uns 20 minuts, després traieu la pell i tritureu la carn. Escalfeu l'oli i sofregiu el gingebre i el cibulet fins que estiguin lleugerament daurats. Afegiu el peix i remeneu fins que estigui cobert d'oli. Assaoneu els ous amb sal i pebre, aboqueu-los a la paella i barregeu-los suaument amb una forquilla fins que els ous estiguin cuits. Serviu immediatament.

Ous remenats amb bolets

per a 4 persones

30 ml / 2 cullerades d'oli de cacauet

4 ous batuts

3 cebolletes (cebolletes), picades

un polsim de sal

5 ml / 1 culleradeta de salsa de soja

100 g / 4 oz de bolets, tallats a trossos

Escalfeu la meitat de l'oli i sofregiu els xampinyons uns minuts fins que estiguin ben calents, després els retireu de la paella. Bateu els ous amb el cibulet, la sal i la salsa de soja. Escalfeu la resta d'oli i aboqueu-hi la barreja d'ou. Remeneu suaument amb una forquilla fins que els ous comencin a cuar, després torneu els bolets a la paella i deixeu-ho coure fins que els ous estiguin cuits. Serviu immediatament.

Ous remenats amb salsa d'ostres

per a 4 persones

4 ous batuts
3 cebolletes (cebolletes), picades
sal i pebre recent mòlt
5 ml / 1 culleradeta de salsa de soja
30 ml / 2 cullerades d'oli de cacauet
15 ml / 1 cullerada de salsa d'ostres
100 g / 4 oz de pernil cuit, esmicolat
2 branquetes de julivert pla

Bateu els ous amb el cibulet, la sal, el pebre i la salsa de soja. Afegiu la meitat de l'oli. Escalfeu la resta d'oli i aboqueu-hi la barreja d'ou. Remeneu suaument amb una forquilla fins que els ous comencin a fer-se, després afegiu-hi la salsa d'ostres i deixeu-ho coure fins que els ous estiguin cuits. Servir guarnit amb pernil i julivert.

Ous remenats amb carn de porc

per a 4 persones

225 g de carn magra de porc, tallada a rodanxes

30 ml / 2 cullerades de salsa de soja

30 ml / 2 cullerades d'oli de cacauet

2 cebolletes (cebolletes), picades

4 ous batuts

un polsim de sal

5 ml / 1 culleradeta de salsa de soja

Barregeu la carn de porc i la salsa de soja perquè el porc quedi ben cobert. Escalfeu l'oli i sofregiu la carn de porc fins que estigui lleugerament daurada. Afegir la ceba i sofregir durant 1 minut. Bateu els ous amb la ceba tendra, la sal i la salsa de soja i aboqueu la barreja d'ou a la paella. Barrejar suaument amb una forquilla fins que els ous estiguin ferms. Serviu immediatament.

Ous remenats amb carn de porc i gambes

per a 4 persones

100 g / 4 oz de carn de porc mòlta

225 g / 8 oz de gambes pelades

2 cebolletes (cebolletes), picades

1 rodanxa d'arrel de gingebre, picada

5 ml / 1 culleradeta de farina de blat de moro (midó de blat de moro)

15 ml / 1 cullerada de vi d'arròs o xerès sec

15 ml / 1 cullerada de salsa de soja

sal i pebre recent mòlt

45 ml / 3 cullerades d'oli de cacauet (cacauet).

4 ous lleugerament batuts

Barrejar carn de porc, gambes, ceba, gingebre, maizena, vi o xerès, salsa de soja, sal i pebre. Escalfeu l'oli i fregiu la barreja de porc fins que estigui daurada. Aboqueu-hi els ous i barregeu-los suaument amb una forquilla fins que els ous estiguin cuits. Serviu immediatament.

Ous remenats amb espinacs

per a 4 persones

45 ml / 3 cullerades d'oli de cacauet (cacauet).

225 g / 8 oz d'espinacs

4 ous batuts

2 cebolletes (cebolletes), picades

un polsim de sal

Escalfeu la meitat de l'oli i sofregiu els espinacs durant uns minuts fins que quedi d'un color verd brillant però no marcit. Traieu-lo del recipient i piqueu-lo ben petit. Bateu els ous amb el cibulet, la sal i la salsa de soja si feu servir. Afegiu-hi els espinacs. Escalfeu l'oli i aboqueu-hi la barreja d'ou. Remeneu suaument amb una forquilla fins que els ous estiguin cuits. Serviu immediatament.

Ous remenats amb cibulet

per a 4 persones

4 ous batuts

8 cebes (cebes), picades

sal i pebre recent mòlt

5 ml / 1 culleradeta de salsa de soja

30 ml / 2 cullerades d'oli de cacauet

Bateu els ous amb el cibulet, la sal, el pebre i la salsa de soja. Escalfeu l'oli i aboqueu-hi la barreja d'ou. Barrejar suaument amb una forquilla fins que els ous estiguin ferms. Serviu immediatament.

Ous remenats amb tomàquet

per a 4 persones

4 ous batuts

2 cebolletes (cebolletes), picades

un polsim de sal

30 ml / 2 cullerades d'oli de cacauet

3 tomàquets, pelats i picats

Bateu els ous amb el cibulet i la sal. Escalfeu l'oli i aboqueu-hi la barreja d'ou. Remeneu suaument fins que els ous es comencin a endurir, després afegiu-hi els tomàquets i continueu cuinant, remenant, fins que endurin. Serviu immediatament.

Ous remenats amb verdures

per a 4 persones

30 ml / 2 cullerades d'oli de cacauet

5 ml / 1 culleradeta d'oli de sèsam

1 pebrot verd, tallat a daus

1 gra d'all picat

100 g/4 oz de sucre llustre, tallat a la meitat

4 ous batuts

2 cebolletes (cebolletes), picades

un polsim de sal

5 ml / 1 culleradeta de salsa de soja

Escalfeu la meitat de l'oli de cacauet amb l'oli de sèsam i sofregiu el pebrot i l'all fins que estiguin daurats. Afegiu els pèsols amb sucre i sofregiu-los durant 1 minut. Bateu els ous amb el cibulet, la sal i la salsa de soja i aboqueu la barreja a la paella. Remeneu suaument amb una forquilla fins que els ous estiguin cuits. Serviu immediatament.

Souffles de pollastre

per a 4 persones

100 g / 4 oz de pit de pollastre mòlt

(Jo normalment)

45 ml / 3 cullerades de brou de pollastre

2,5 ml / ½ culleradeta de sal

4 clares d'ou

75 ml / 5 cullerades d'oli de cacauet (cacauets).

Barregeu bé el pollastre, el brou i la sal. Batre les clares i afegir a la barreja. Escalfeu l'oli fins que comenci a fumar, afegiu-hi la barreja i barregeu-ho bé, després reduïu el foc i continueu cuinant, remenant suaument, fins que la mescla espesseixi.

suflé de cranc

per a 4 persones

100 g / 4 oz de carn de cranc, en escates

sal

15 ml / 1 cullerada de farina de blat de moro (midó de blat de moro)

120 ml / 4 fl oz / ½ tassa de llet

4 clares d'ou

75 ml / 5 cullerades d'oli de cacauet (cacauets).

Barrejar la carn de cranc, la sal, la maizena i barrejar bé. Bateu les clares a punt de neu i barregeu-ho amb la barreja. Escalfeu l'oli fins que comenci a fumar, afegiu-hi la barreja i barregeu-ho bé, després reduïu el foc i continueu cuinant, remenant suaument, fins que la mescla espesseixi.

Soufflé de cranc i gingebre

per a 4 persones

75 ml / 5 cullerades d'oli de cacauet (cacauets).

2 llesques d'arrel de gingebre picada

1 ceba (ceba), picada

100 g / 4 oz de carn de cranc, en escates

sal

15 ml / 1 cullerada de vi d'arròs o xerès sec

120 ml/4 peus oz/k tassa de llet

60 ml / 4 cullerades de brou de pollastre

15 ml / 2 cullerades de farina de blat de moro (midó de blat de moro)

4 clares d'ou

5 ml / 1 culleradeta d'oli de sèsam

Escalfeu la meitat de l'oli i sofregiu el gingebre i la ceba fins que estiguin tendres. Afegir la carn de cranc i la sal, retirar del foc i deixar refredar una mica. Barregeu el vi o el xerès, la llet, el brou i la farina de blat de moro, després barregeu-ho amb la barreja de cranc. Bateu les clares a punt de neu i barregeu-ho amb la barreja. Escalfeu l'oli restant fins a fumar, afegiu-hi la barreja i barregeu-ho bé, després reduïu el foc i continueu cuinant, remenant suaument, fins que la mescla espesseixi.

Soufflé de peix

per a 4 persones

3 ous, separats

5 ml / 1 cullerada de salsa de soja

5 ml / 1 cullerada de sucre

sal i pebre recent mòlt

450 g / 1 lliura de filet de peix

45 ml / 3 cullerades d'oli de cacauet (cacauet).

Barrejar els rovells d'ou amb la salsa de soja, el sucre, la sal i el pebre. Talleu el peix a trossos grans. Submergeix el peix a la barreja fins que estigui ben cobert. Escalfeu l'oli i fregiu el peix fins que el fons estigui daurat. Bateu les clares fins que es formin pics rígids. Doneu la volta al peix i poseu la clara a sobre del peix. Cuini 2 minuts fins que el fons estigui lleugerament daurat, després gireu i deixeu-ho coure 1 minut més fins que les clares estiguin daurades. Servir amb salsa de tomàquet.

Soufflé de gambes

per a 4 persones

225 g / 8 oz de gambes pelades, tallades

1 rodanxa d'arrel de gingebre, picada

15 ml / 1 cullerada de vi d'arròs o xerès sec

15 ml / 1 cullerada de salsa de soja

sal i pebre recent mòlt

4 clares d'ou

45 ml / 3 cullerades d'oli de cacauet (cacauet).

Incorporeu-hi les gambes, el gingebre, el vi o el xerès, la salsa de soja, la sal i el pebre. Bateu les clares a punt de neu i barregeu-ho amb la barreja. Escalfeu l'oli fins que comenci a fumar, afegiu-hi la barreja i barregeu-ho bé, després reduïu el foc i continueu cuinant, remenant suaument, fins que la mescla espesseixi.

Soufflé de gambes amb brots de soja

per a 4 persones

100 g de brots de soja
100 g / 4 oz de gambes pelades, tallades a trossos
2 cebolletes (cebolletes), picades
5 ml / 1 culleradeta de farina de blat de moro (midó de blat de moro)
15 ml / 1 cullerada de vi d'arròs o xerès sec
120 ml / 4 fl oz / ½ tassa de brou de pollastre
sal
4 clares d'ou
45 ml / 3 cullerades d'oli de cacauet (cacauet).

Blanqueu els brots de soja en aigua bullint durant 2 minuts, després escorreu-los i manteniu-los calents. Mentrestant, barregeu les gambes, la ceba, la maizena, el vi o el xerès i reserveu i rectifiqueu de sal. Bateu les clares a punt de neu i barregeu-ho amb la barreja. Escalfeu l'oli fins que comenci a fumar, afegiu-hi la barreja i barregeu-ho bé, després reduïu el foc i continueu cuinant, remenant suaument, fins que la mescla espesseixi. Col·loqueu a la planxa calenta i cobriu amb brots de soja.

Soufflé de verdures

per a 4 persones

5 ous, separats

3 patates ratllades

1 ceba petita picada finament

15 ml / 1 cullerada de julivert fresc picat

5 ml / 1 culleradeta de salsa de soja

sal i pebre recent mòlt

Bateu les clares fins que es formin pics rígids. Bateu els rovells d'ou fins que estiguin pàl·lids i espès, després afegiu-hi les patates, la ceba, el julivert i la salsa de soja i barregeu-ho bé.

Afegiu neu clara d'ou. Aboqueu-ho en un motlle de soufflé untat i coure al forn preescalfat a 180 °C/350 °F/gas 4 durant uns 40 minuts.

Ou Foo Yung

per a 4 persones

4 ous lleugerament batuts

sal

100 g / 4 oz de pollastre cuit, picat

1 ceba picada

2 tiges d'api, picades

50 g / 2 oz de bolets, picats

30 ml / 2 cullerades d'oli de cacauet

salsa d'ou foo yung

Barrejar els ous, la sal, el pollastre, la ceba, l'api i els bolets. Escalfeu una mica d'oli i aboqueu una quarta part de la barreja a la paella. Fregiu fins que el fons estigui lleugerament daurat, després gireu i fregiu l'altre costat. Serviu amb salsa d'ou foo yung.

Ou ferrat Foo Yung

per a 4 persones

4 ous lleugerament batuts

5 ml / 1 culleradeta de sal

100 g / 4 oz de pernil fumat, picat

100 g de xampinyons picats

15 ml / 1 cullerada de salsa de soja

oli per fregir

Barrejar els ous amb la sal, el pernil, els bolets i la salsa de soja. Escalfeu l'oli i aboqueu-hi amb cura cullerades de la barreja. Enfornem fins que pugin, girant-los fins que estiguin daurats pels dos costats. Retirar de l'oli i escórrer mentre es couen les creps restants.

Cranc Foo Yung amb bolets

per a 4 persones

6 ous batuts

45 ml / 3 cullerades de farina de blat de moro (midó de blat de moro)

100 g / 4 oz de carn de cranc

100 g / 4 oz de bolets, tallats a daus

100 g/4 oz de pèsols congelats

2 cebolletes (cebolletes), picades

5 ml / 1 culleradeta de sal

45 ml / 3 cullerades d'oli de cacauet (cacauet).

Bateu els ous i afegiu-hi la farina de blat de moro. Afegiu-hi tota la resta excepte l'oli. Escalfeu una mica d'oli i aboqueu lentament la barreja a la paella per fer unes petites creps d'uns 3 cm d'ample. Fregiu fins que el fons estigui lleugerament daurat, després gireu i fregiu l'altre costat. Continueu fins que s'esgoti tota la barreja.

Ous de pernil Foo Yung

per a 4 persones

60 ml / 4 cullerades d'oli de cacauet
50 g / 2 oz de brots de bambú, tallats a daus
50 g de castanyes d'aigua, tallades a daus
2 cebolletes (cebolletes), picades
2 tiges d'api, picades
50 g/2 oz de pernil fumat, tallat a daus
15 ml / 1 cullerada de salsa de soja
2,5 ml / ½ culleradeta de sucre
2,5 ml / ½ culleradeta de sal
4 ous lleugerament batuts

Escalfeu la meitat de l'oli i sofregiu els brots de bambú, les castanyes d'aigua, el cibulet i l'api durant uns 2 minuts. Afegiu el pernil, la salsa de soja, el sucre i la sal, retireu-lo del bol i deixeu-ho refredar una mica. Afegiu la barreja als ous batuts. Escalfeu una mica de l'oli restant i aboqueu lentament la barreja a la paella per fer petites creps d'uns 3 polzades d'ample. Fregiu fins que el fons estigui lleugerament daurat, després gireu i fregiu l'altre costat. Continueu fins que s'esgoti tota la barreja.

Ou de porc fregit Foo Yung

per a 4 persones

4 bolets xinesos secs
60 ml / 3 cullerades d'oli de cacauet
100 g / 4 oz de carn de porc rostida, picada
100 g / 4 oz de bok choy, picat
50 g de brots de bambú, tallats a rodanxes
50 g / 2 oz de castanyes d'aigua, a rodanxes
4 ous lleugerament batuts
sal i pebre recent mòlt

Remullar els bolets en aigua tèbia durant 30 minuts i després escórrer. Descartar les tiges i tallar-ne la part superior. Escalfeu 30 ml / 2 cullerades d'oli i sofregiu els bolets, la carn de porc, la col, els brots de bambú i les castanyes d'aigua durant 3 minuts. Traieu-ho de la cassola i deixeu-ho refredar una mica, després afegiu-hi els ous i rectifiqueu-ho de sal i pebre. Escalfeu una mica de l'oli restant i aboqueu lentament la barreja a la paella per fer petites creps d'uns 3 polzades d'ample. Fregiu fins que el fons estigui lleugerament daurat, després gireu i fregiu l'altre costat. Continueu fins que s'esgoti tota la barreja.

Ou de porc i gambes Foo Yung

per a 4 persones

45 ml / 3 cullerades d'oli de cacauet (cacauet).
100 g/4 oz de carn de porc magra, tallada a rodanxes
1 ceba picada
225 g de gambes, pelades, tallades a rodanxes
50 g de bok choy, picat
4 ous lleugerament batuts
sal i pebre recent mòlt

Escalfeu 30 ml / 2 cullerades d'oli i sofregiu la carn de porc i la ceba fins que estiguin daurades. Afegiu-hi els llagostins i fregiu-los fins que estiguin coberts d'oli, després afegiu-hi la col, barregeu-ho bé, tapeu i deixeu-ho coure 3 minuts. Retirar del motlle i deixar refredar una mica. Afegiu la barreja de carn als ous i rectifiqueu de sal i pebre. Escalfeu una mica de l'oli restant i aboqueu lentament la barreja a la paella per fer petites creps d'uns 3 polzades d'ample. Fregiu fins que el fons estigui lleugerament daurat, després gireu i fregiu l'altre costat. Continueu fins que s'esgoti tota la barreja.

arròs blanc

per a 4 persones

225 g / 8 oz / 1 tassa d'arròs de gra llarg
15 ml / 1 cullerada d'oli
750 ml / 1¼ punts / 3 tasses d'aigua

Rentar l'arròs i després posar-lo a la paella. Afegiu l'aigua a l'oli i després afegiu-la a la paella de manera que quedi aproximadament una polzada per sobre de l'arròs. Portar a ebullició, tapar amb una tapa, reduir el foc i coure durant 20 minuts.

arròs integral cuit

per a 4 persones

225 g / 8 oz / 1 tassa d'arròs integral de gra llarg
5 ml / 1 culleradeta de sal
900 ml / 1½ punt / 3¾ tasses d'aigua

Rentar l'arròs i després posar-lo a la paella. Afegiu sal i aigua perquè quedi uns 3 cm per sobre de l'arròs. Portar a ebullició, tapar amb una tapa hermètica, reduir el foc i coure a foc lent durant 30 minuts, tenint cura de no bullir fins que s'assequi.

Arròs amb carn

per a 4 persones

225 g / 8 oz / 1 tassa d'arròs de gra llarg

100 g / 4 oz de carn picada

1 rodanxa d'arrel de gingebre, picada

15 ml / 1 cullerada de salsa de soja

15 ml / 1 cullerada de vi d'arròs o xerès sec

5 ml / 1 cullerada d'oli de cacauet

2,5 ml / ½ cullerada de sucre

2,5 ml / ½ cullerada de sal

Posar l'arròs en una olla gran i portar a ebullició. Tapeu i deixeu coure uns 10 minuts fins que s'absorbeixi la major part del líquid. Barregeu la resta d'ingredients, poseu-hi l'arròs, tapeu i deixeu-ho coure 20 minuts més a foc lent fins que estigui cuit. Barrejar els ingredients abans de servir.

Arròs de fetge de pollastre

per a 4 persones

225 g / 8 oz / 1 tassa d'arròs de gra llarg
375 ml / 13 fl oz / 1½ tasses de brou de pollastre
sal
2 fetges de pollastre bullits a rodanxes fines

Posar l'arròs i la sopa en una olla gran i portar a ebullició. Tapeu i deixeu coure uns 10 minuts fins que l'arròs estigui gairebé tendre. Traieu la tapa i continueu cuinant a foc lent fins que s'absorbeixi la major part del brou. Afegiu sal al gust, afegiu fetges de pollastre i escalfeu suaument abans de servir.

Arròs amb pollastre i bolets

per a 4 persones

225 g / 8 oz / 1 tassa d'arròs de gra llarg

100 g / 4 oz de carn de pollastre, picada

100 g / 4 oz de bolets, tallats a daus

5 ml / 1 culleradeta de farina de blat de moro (midó de blat de moro)

5 ml / 1 culleradeta de salsa de soja

5 ml / 1 culleradeta de vi d'arròs o xerès sec

un polsim de sal

15 ml / 1 cullerada de ceba tendra picada

15 ml / 1 cullerada de salsa d'ostres

Posar l'arròs en una olla gran i portar a ebullició. Tapeu i deixeu coure uns 10 minuts fins que s'absorbeixi la major part del líquid. Barregeu tots els ingredients restants excepte el cibulet i la salsa d'ostres, poseu-hi l'arròs, tapeu i deixeu-ho coure 20 minuts més a foc lent fins que estigui completament cuit. Barregeu els ingredients i ruixeu-ho amb cibulet i salsa d'ostres abans de servir.

Arròs de coco

per a 4 persones

225 g / 8 oz / 1 tassa d'arròs amb gust tailandès
1 l / 1 ¾ punts / 4 ¼ tasses de llet de coco
150 ml / ¼ pt / ½ tassa generosa de crema de coco
1 manat de coriandre picat
un polsim de sal

Bullir tots els ingredients en una olla, tapar i deixar coure l'arròs a foc lent durant uns 25 minuts, remenant de tant en tant.

Arròs amb carn de cranc

per a 4 persones

225 g / 8 oz / 1 tassa d'arròs de gra llarg

100 g / 4 oz de carn de cranc, en escates

2 llesques d'arrel de gingebre picada

15 ml / 1 cullerada de salsa de soja

15 ml / 1 cullerada de vi d'arròs o xerès sec

5 ml / 1 culleradeta d'oli de cacauet

5 ml / 1 culleradeta de farina de blat de moro (midó de blat de moro)

sal i pebre recent mòlt

Posar l'arròs en una olla gran i portar a ebullició. Tapeu i deixeu coure uns 10 minuts fins que s'absorbeixi la major part del líquid. Barregeu la resta d'ingredients, poseu-hi l'arròs, tapeu i deixeu-ho coure 20 minuts més a foc lent fins que estigui cuit. Barrejar els ingredients abans de servir.

Arròs amb mongetes

per a 4 persones

225 g / 8 oz / 1 tassa d'arròs de gra llarg
350 g / 12 oz de mongetes
30 ml / 2 cullerades de salsa de soja

Posar l'arròs i la sopa en una olla gran i portar a ebullició. Afegiu les mongetes, tapeu i deixeu-ho coure uns 20 minuts fins que l'arròs estigui gairebé tendre. Traieu la tapa i continueu la cocció a foc lent fins que la major part del líquid s'hagi absorbit. Tapa i deixa reposar 5 minuts, després serveix amb salsa de soja rajada per sobre.

arròs amb pebre

per a 4 persones

225 g / 8 oz / 1 tassa d'arròs de gra llarg

2 cebolletes (cebolletes), picades

1 pebrot vermell, tallat a daus

45 ml / 3 cullerades de salsa de soja

30 ml / 2 cullerades d'oli de cacauet

5 ml / 1 culleradeta de sucre

Posar l'arròs en una olla, cobrir amb aigua freda, portar a ebullició, tapar i coure uns 20 minuts fins que estigui suau. Escórrer bé i afegir l'escalunya, el pebre, la salsa de soja, l'oli i el sucre. Transferir a un bol calent i servir immediatament.

Arròs amb ou cuit

per a 4 persones

225 g / 8 oz / 1 tassa d'arròs de gra llarg

4 ous

15 ml / 1 cullerada de salsa d'ostres

Posar l'arròs en una olla, cobrir amb aigua freda, portar a ebullició, tapar i coure uns 10 minuts fins que estigui suau. Escorreu-ho i poseu-ho al foc. Mentrestant, bull una olla amb aigua, trenca els ous suaument i deixa coure uns minuts fins que les clares estiguin ben cuajades i els ous encara estiguin humits. Traieu del bol amb una cullera ranurada i poseu-ho sobre l'arròs. Serviu-ho regat amb salsa d'ostres.

Arròs a l'estil de Singapur

per a 4 persones

225 g / 8 oz / 1 tassa d'arròs de gra llarg
5 ml / 1 cullerada de sal
1,2 l / 2 punts / 5 tasses d'aigua

Rentar l'arròs i posar-lo en una paella amb sal i aigua. Portar a ebullició, reduir el foc i coure uns 15 minuts fins que l'arròs estigui tendre. Escórrer en un colador i esbandida amb aigua calenta abans de servir.

Arròs lent per al vaixell

per a 4 persones

225 g / 8 oz / 1 tassa d'arròs de gra llarg

5 ml / 1 culleradeta de sal

15 ml / 1 cullerada d'oli

750 ml / 1 ¼ punts / 3 tasses d'aigua

Rentar l'arròs i posar-lo en una safata de forn amb sal, oli i aigua. Cobrir i coure al forn preescalfat a 120 °C/250 °F/marca de gas ½ durant aproximadament 1 hora fins que s'absorbeixi tota l'aigua.

arròs al vapor

per a 4 persones

225 g / 8 oz / 1 tassa d'arròs de gra llarg

5 ml / 1 culleradeta de sal

450 ml / ¾ pt / 2 tasses d'aigua

Col·loqueu l'arròs, la sal i l'aigua en una safata apta per al forn, tapeu i poseu-ho al forn preescalfat a 180 °C/350 °F/Gas 4 durant uns 30 minuts.

Arròs fregit

per a 4 persones

225 g / 8 oz / 1 tassa d'arròs de gra llarg

750 ml / 1 ¼ punts / 3 tasses d'aigua

30 ml / 2 cullerades d'oli de cacauet

1 ou batut

2 grans d'all, picats

un polsim de sal

1 ceba picada finament

3 cebolletes (cebolletes), picades

2,5 ml / ½ culleradeta de melassa negra

Posar l'arròs i l'aigua en una olla, portar a ebullició, tapar i coure uns 20 minuts fins que l'arròs estigui cuit. Assecar bé. Escalfeu 5 ml / 1 culleradeta d'oli i aboqueu-hi l'ou. Cuini fins que la part inferior estigui fixada, després gireu i continueu cuinant fins que quedi. Traieu-lo del bol i talleu-lo a tires. Afegiu la resta de l'oli a la paella amb l'all i la sal i sofregiu fins que els alls estiguin daurats. Afegir la ceba i l'arròs i sofregir durant 2 minuts. Afegiu-hi el cibulet i sofregiu-ho durant 2 minuts. Incorporeu la melassa negra fins que l'arròs estigui cobert, després afegiu-hi les tires d'ou i serviu.

arròs fregit amb ametlles

per a 4 persones

250 ml / 8 fl oz / 1 tassa d'oli de cacauet (oli de cacauet).

50 g / 2 oz / ½ tassa d'ametlla en escates

4 ous batuts

450 g / 1 lb / 3 tasses d'arròs de gra llarg cuit

5 ml / 1 culleradeta de sal

3 llesques de pernil cuit tallades a tires

2 escalunyes, ben picades

15 ml / 1 cullerada de salsa de soja

Escalfeu l'oli i sofregiu les ametlles fins que estiguin daurades. Retirar del bol i escórrer sobre paper de cuina. Escorreu la major part de l'oli de la paella, torneu a escalfar i aboqueu-hi els ous, remenant constantment. Afegiu l'arròs i la sal i deixeu-ho coure durant 5 minuts, aixecant i remenant ràpidament per cobrir els grans d'arròs a l'ou. Afegiu-hi el pernil, el cibulet i la salsa de soja i deixeu-ho coure 2 minuts més. Afegiu-hi la majoria d'ametlles i serviu-hi guarnit amb la resta d'ametlles.

Arròs fregit amb cansalada i ou

per a 4 persones

45 ml / 3 cullerades d'oli de cacauet (cacauet).

225 g / 8 oz de cansalada, picada

1 ceba picada finament

3 ous batuts

225 g/8 oz d'arròs de gra llarg cuit

Escalfeu l'oli i sofregiu la cansalada i la ceba fins que estiguin lleugerament daurades. Afegiu-hi els ous i fregiu-los fins que estiguin gairebé cuits. Afegiu l'arròs i fregiu fins que l'arròs s'escalfi.

Arròs fregit amb carn

per a 4 persones

225 g / 8 oz de vedella magra, tallada a tires
15 ml / 1 cullerada de farina de blat de moro (midó de blat de moro)
15 ml / 1 cullerada de salsa de soja
15 ml / 1 cullerada de vi d'arròs o xerès sec
5 ml / 1 culleradeta de sucre
75 ml / 5 cullerades d'oli de cacauet (cacauets).
1 ceba picada
450 g / 1 lb / 3 tasses d'arròs de gra llarg cuit
45 ml / 3 cullerades de brou de pollastre

Barrejar la carn amb maizena, salsa de soja, vi o xerès i sucre. Escalfeu la meitat de l'oli i sofregiu la ceba fins que quedi translúcida. Afegiu la carn i sofregiu durant 2 minuts. Retirar de la nevera. Escalfeu l'oli restant, afegiu-hi l'arròs i sofregiu durant 2 minuts. Afegir brou i escalfar. Afegiu la meitat de la barreja de carn i ceba i remeneu-ho fins que s'escalfi, després transferiu-ho a un plat calent i poseu-hi la carn i la ceba restants.

Arròs fregit amb carn picada

per a 4 persones

30 ml / 2 cullerades d'oli de cacauet

1 gra d'all triturat

un polsim de sal

30 ml / 2 cullerades de salsa de soja

30 ml / 2 cullerades de salsa hoisin

450 g / 1 lliura de carn mòlta

1 ceba picada

1 pastanaga tallada a daus

1 porro tallat a daus

450 g/lb d'arròs de gra llarg cuit

Escalfeu l'oli i sofregiu l'all i la sal fins que estigui lleugerament daurat. Afegiu-hi les salses de soja i hoisin i barregeu-ho fins que quedi combinat. Afegiu-hi la carn i fregiu-la fins que quedi cruixent i daurada. Afegiu-hi les verdures i fregiu-les fins que estiguin toves, remenant constantment. Afegiu l'arròs i sofregiu, sense parar de remenar, fins que estigui ben calent i cobert de salses.

Arròs fregit amb carn i ceba

per a 4 persones

1 lliura / 450 g de vedella magra, tallada a rodanxes fines

45 ml / 3 cullerades de salsa de soja

15 ml / 1 cullerada de vi d'arròs o xerès sec

sal i pebre recent mòlt

15 ml / 1 cullerada de farina de blat de moro (midó de blat de moro)

45 ml / 3 cullerades d'oli de cacauet (cacauet).

1 ceba picada

225 g/8 oz d'arròs de gra llarg cuit

Marinar la carn amb salsa de soja, vi o xerès, sal, pebre i gra de blat de moro durant 15 minuts. Escalfeu l'oli i sofregiu la ceba fins que estigui daurada. Afegiu la carn i la marinada i sofregiu-ho durant 3 minuts. Afegir l'arròs i fregir fins que estigui ben calent.

pollastre amb arròs

per a 4 persones

225 g / 8 oz / 1 tassa d'arròs de gra llarg

750 ml / 1¼ punts / 3 tasses d'aigua

30 ml / 2 cullerades d'oli de cacauet

2 grans d'all, picats

un polsim de sal

1 ceba picada finament

3 cebolletes (cebolletes), picades

100 g / 4 oz de pollastre cuit, picat

15 ml / 1 cullerada de salsa de soja

Posar l'arròs i l'aigua en una olla, portar a ebullició, tapar i coure uns 20 minuts fins que l'arròs estigui cuit. Assecar bé. Escalfeu l'oli i sofregiu els alls i la sal fins que els alls estiguin daurats. Afegir la ceba i sofregir durant 1 minut. Afegiu l'arròs i sofregiu durant 2 minuts. Afegiu-hi el cibulet i el pollastre i sofregiu-ho durant 2 minuts. Afegiu salsa de soja per cobrir l'arròs.

Arròs fregit d'ànec

per a 4 persones

4 bolets xinesos secs
45 ml / 3 cullerades d'oli de cacauet (cacauet).
2 cebolletes (cebolletes), tallades a rodanxes
225 g / 8 oz de bok choy, picat
100 g/4 oz d'ànec cuit, picat
45 ml / 3 cullerades de salsa de soja
15 ml / 1 cullerada de vi d'arròs o xerès sec
350 g / 12 oz d'arròs de gra llarg cuit
45 ml / 3 cullerades de brou de pollastre

Remullar els bolets en aigua tèbia durant 30 minuts i després escórrer. Descartar les tiges i tallar-ne la part superior. Escalfeu la meitat de l'oli i sofregiu les cebes tendra fins que quedin translúcids. Afegiu-hi el bok choy i fregiu-ho durant 1 minut. Afegiu l'ànec, la salsa de soja i el vi o el xerès i sofregiu durant 3 minuts. Retirar de la nevera. Escalfeu l'oli restant i sofregiu l'arròs fins que quedi cobert d'oli. Afegiu-hi el brou, deixeu-ho bullir i sofregiu durant 2 minuts. Torneu la barreja d'ànec a la paella i remeneu fins que s'escalfi abans de servir.

arròs de pernil

per a 4 persones

30 ml / 2 cullerades d'oli de cacauet

1 ou batut

1 gra d'all triturat

350 g / 12 oz d'arròs de gra llarg cuit

1 ceba picada finament

1 pebrot verd picat

100 g de pernil picat

50 g / 2 oz de castanyes d'aigua, a rodanxes

50 g de brots de bambú, picats

15 ml / 1 cullerada de salsa de soja

15 ml / 1 cullerada de vi d'arròs o xerès sec

15 ml / 1 cullerada de salsa d'ostres

Escalfeu una mica d'oli en una paella i afegiu-hi l'ou, inclinant la paella per repartir-lo per la paella. Enfornar fins que el fons estigui lleugerament daurat, després girar i coure l'altre costat. Retirar de la paella i picar i sofregir els alls fins que estiguin daurats. Afegiu l'arròs, la ceba i el pebrot i sofregiu durant 3 minuts. Afegim el pernil, les castanyes i els brots de bambú i sofregim durant 5 minuts. Afegiu-hi la resta d'ingredients i fregiu-ho durant uns 4 minuts. Serviu les tires d'ou escampades.

Arròs amb pernil i brou

per a 4 persones

30 ml / 2 cullerades d'oli de cacauet
3 ous batuts
350 g / 12 oz d'arròs de gra llarg cuit
600 ml / 1 pt / 2½ tasses de brou de pollastre
100 g / 4 oz de pernil fumat, esmicolat
100 g / 4 oz de brots de bambú, tallats a rodanxes

Escalfeu l'oli i aboqueu-hi els ous. Quan es comencin a fregir, afegiu-hi l'arròs i sofregiu-ho durant 2 minuts. Afegiu la sopa i el pernil i deixeu-ho bullir. Coure 2 minuts, afegiu-hi brots de bambú i serviu.

arròs fregit de porc

per a 4 persones

45 ml / 3 cullerades d'oli de cacauet (cacauet).

3 cebolletes (cebolletes), picades

100 g / 4 oz de porc rostit, tallat a daus

350 g / 12 oz d'arròs de gra llarg cuit

30 ml / 2 cullerades de salsa de soja

2,5 ml / ½ culleradeta de sal

2 ous batuts

Escalfeu l'oli i sofregiu les cebes tendra fins que quedin transparents. Afegiu la carn de porc i remeneu fins que estigui coberta d'oli. Afegiu l'arròs, la salsa de soja i la sal i sofregiu durant 3 minuts. Afegiu els ous i barregeu fins que comencin a endurir.

Arròs fregit amb porc i gambes

per a 4 persones

45 ml / 3 cullerades d'oli de cacauet (cacauet).

2,5 ml / ½ culleradeta de sal

2 cebolletes (cebolletes), picades

350 g / 12 oz d'arròs de gra llarg cuit

100 g / 4 oz de porc rostit

225 g / 8 oz de gambes pelades

50 g / 2 oz de fulles xineses, esquinçades

45 ml / 3 cullerades de salsa de soja

Escalfeu l'oli i sofregiu la sal i el cibulet fins que estiguin lleugerament daurats. Afegiu l'arròs i sofregiu per trencar els grans. Afegir la carn de porc i sofregir durant 2 minuts. Afegiu les gambes, les fulles xineses i la salsa de soja i sofregiu fins que s'escalfi.

Arròs fregit amb gambes

per a 4 persones

225 g / 8 oz / 1 tassa d'arròs de gra llarg

750 ml / 1¼ punts / 3 tasses d'aigua

30 ml / 2 cullerades d'oli de cacauet

2 grans d'all, picats

un polsim de sal

1 ceba picada finament

225 g / 8 oz de gambes pelades

5 ml / 1 culleradeta de salsa de soja

Posar l'arròs i l'aigua en una olla, portar a ebullició, tapar i coure uns 20 minuts fins que l'arròs estigui cuit. Assecar bé. Escalfeu oli amb all i sal i sofregiu fins que els alls estiguin lleugerament daurats. Afegiu l'arròs i la ceba i sofregiu durant 2 minuts. Afegiu-hi les gambes i sofregiu-ho durant 2 minuts. Afegiu la salsa de soja abans de servir.

arròs fregit i mongetes

per a 4 persones

30 ml / 2 cullerades d'oli de cacauet

2 grans d'all, picats

5 ml / 1 culleradeta de sal

350 g / 12 oz d'arròs de gra llarg cuit

225 g / 8 oz de mongetes congelades o cuites, descongelades

4 cebolletes (cebolletes), tallades finament

30 ml / 2 cullerades de julivert fresc picat

Escalfeu l'oli i sofregiu l'all i la sal fins que estigui lleugerament daurat. Afegiu l'arròs i sofregiu durant 2 minuts. Afegim les mongetes verdes, la ceba i el julivert i sofregim uns minuts fins que bullin. Serviu calent o fred.

Arròs fregit amb salmó

per a 4 persones

30 ml / 2 cullerades d'oli de cacauet

2 grans d'all picats

2 cebolletes (cebolletes), tallades a rodanxes

50 g / 2 oz de salmó picat

75 g / 3 oz d'espinacs picats

150 g/5 oz d'arròs de gra llarg cuit

Escalfeu l'oli i sofregiu l'all i el cibulet durant 30 segons. Afegiu el salmó i sofregiu-ho durant 1 minut. Afegiu els espinacs i sofregiu durant 1 minut. Afegiu l'arròs i sofregiu-ho fins que s'escalfi i estigui ben barrejat.

Arròs fregit especial

per a 4 persones

60 ml / 4 cullerades d'oli de cacauet

1 ceba picada finament

100 g/4 oz de cansalada, picada

50 g de pernil picat

50 g/2 oz de pollastre cuit, picat

50 g / 2 oz de gambes pelades

60 ml / 4 cullerades de salsa de soja

30 ml / 2 cullerades de vi d'arròs o xerès sec

sal i pebre recent mòlt

15 ml / 1 cullerada de farina de blat de moro (midó de blat de moro)

225 g/8 oz d'arròs de gra llarg cuit

2 ous batuts

100 g / 4 oz de bolets, tallats a rodanxes

50 g / 2 oz de pèsols congelats

Escalfeu l'oli i sofregiu la ceba i la cansalada fins que estiguin lleugerament daurades. Afegiu el pernil i el pollastre i sofregiu durant 2 minuts. Afegiu-hi les gambes, la salsa de soja, el vi o el xerès, la sal, el pebre i la maizena i sofregiu-ho durant 2 minuts. Afegiu l'arròs i sofregiu durant 2 minuts. Afegim els ous, els bolets i les mongetes verdes i sofregim durant 2 minuts fins que estiguin ben calents.

Deu arrossos preciosos

Serveix de 6 a 8

45 ml / 3 cullerades d'oli de cacauet (cacauet).
1 ceba (ceba), picada
100 g/4 oz de carn magra de porc, picada
1 pit de pollastre, picat
100 g / 4 oz de pernil, esmicolat
30 ml / 2 cullerades de salsa de soja
30 ml / 2 cullerades de vi d'arròs o xerès sec
5 ml / 1 culleradeta de sal
350 g / 12 oz d'arròs de gra llarg cuit
250 ml / 8 fl oz / 1 tassa de brou de pollastre
100 g de brots de bambú, tallats a tires
50 g / 2 oz de castanyes d'aigua, a rodanxes

Escalfeu l'oli i sofregiu la ceba fins que quedi translúcida. Afegir la carn de porc i sofregir durant 2 minuts. Afegiu el pollastre i el pernil i sofregiu durant 2 minuts. Afegiu-hi la salsa de soja, el xerès i la sal. Afegiu l'arròs i la sopa i deixeu-ho bullir. Afegiu-hi els brots de bambú i les castanyes d'aigua, tapeu-ho i deixeu-ho coure durant 30 minuts.

Arròs fregit amb tonyina

per a 4 persones

30 ml / 2 cullerades d'oli de cacauet

2 cebes tallades a rodanxes

1 pebrot verd picat

450 g / 1 lb / 3 tasses d'arròs de gra llarg cuit

sal

3 ous batuts

300 g / 12 oz de tonyina en conserva, en escates

30 ml / 2 cullerades de salsa de soja

2 escalunyes, ben picades

Escalfeu l'oli i sofregiu la ceba fins que estigui tova. Afegiu pebre i sofregiu durant 1 minut. Premeu un costat de la paella. Afegiu-hi l'arròs, salpebreu-ho i fregiu-ho durant 2 minuts mentre aneu barrejant els pebrots i les cebes. Feu un pou al mig de l'arròs, aboqueu-hi una mica més d'oli i aboqueu-hi els ous. Barrejar fins que estigui gairebé combinat i barrejar amb l'arròs. Cuini durant 3 minuts més. Afegir la tonyina i la salsa de soja i escalfar. Serviu esquitxat amb escalunyes picades.

fideus d'ou cuit

per a 4 persones

10 ml / 2 culleradetes de sal
450 g / 1 lliura de fideus d'ou
30 ml / 2 cullerades d'oli de cacauet

Bullir aigua, sal i afegir la pasta. Torneu a bullir i deixeu-ho coure uns 10 minuts fins que estigui tendre però encara ferm. Escórrer bé, esbandir amb aigua freda, escórrer i esbandir amb aigua calenta. Regar amb oli abans de servir.

fideus d'ou al vapor

per a 4 persones

10 ml / 2 culleradetes de sal

450 g / 1 lliura de fideus prims d'ou

Bullir aigua, sal i afegir la pasta. Barrejar bé i després escórrer. Poseu els fideus en un colador, poseu-los al bany de vapor i deixeu-los coure en aigua bullint uns 20 minuts fins que estiguin tous.

fideus torrats

per a 8 porcions

10 ml / 2 culleradetes de sal
450 g / 1 lliura de fideus d'ou
30 ml / 2 cullerades d'oli de cacauet

plat de forn

Bullir aigua, sal i afegir la pasta. Torneu a bullir i deixeu-ho coure uns 10 minuts fins que estigui tendre però encara ferm. Escórrer bé, esbandir amb aigua freda, escórrer i esbandir amb aigua calenta. Combina amb oli, després barreja suaument amb qualsevol batedora i escalfa suaument per infondre els sabors.

fideus fregits

per a 4 persones

225 g/8 oz de fideus prims d'ou

sal

oli per fregir

Cuini la pasta en aigua bullint amb sal segons les instruccions del paquet. Assecar bé. Col·loqueu diverses capes de paper de cuina en una safata de forn, hi esteneu els fideus i deixeu-ho assecar durant diverses hores. Escalfeu l'oli i fregiu els fideus una cullerada a la vegada durant uns 30 segons fins que estiguin daurats. Escórrer sobre tovalloles de paper.

Fideus suaus fregits

per a 4 persones

350 g de fideus d'ou
75 ml / 5 cullerades d'oli de cacauet (cacauets).

sal

Bulliu una olla amb aigua, afegiu-hi els fideus i deixeu-ho coure fins que els fideus estiguin tous. Escórrer i esbandir amb aigua freda, després aigua calenta i escórrer de nou. Afegir 15 ml/1 culleradeta d'oli, deixar refredar i refredar. Escalfeu l'oli restant fins a gairebé fumar. Afegiu-hi els fideus i remeneu-los suaument fins que estiguin coberts d'oli. Baixeu el foc i continueu remenant uns minuts fins que els fideus estiguin daurats per fora però suaus per dins.

fideus fregits

per a 4 persones

450 g / 1 lliura de fideus d'ou

5 ml / 1 culleradeta de sal

30 ml / 2 cullerades d'oli de cacauet

3 cebes tendra (contenidor), tallades a tires

1 gra d'all triturat

2 llesques d'arrel de gingebre picada

100 g de carn magra de porc, tallada a tires

100 g de pernil tallat a tires

100 g / 4 oz de gambes pelades

450 ml / ¬œpt / 2 tasses de brou de pollastre

30 ml / 2 cullerades de salsa de soja

Bullir aigua, sal i afegir la pasta. Tornar a bullir i cuinar uns 5 minuts, després escórrer i esbandir amb aigua freda.

Mentrestant, escalfeu l'oli i sofregiu la ceba, l'all i el gingebre fins que es daurin lleugerament. Afegiu-hi la carn de porc i fregiu fins que agafi un color clar. Afegiu-hi el pernil i les gambes i afegiu-hi el brou, la salsa de soja i la pasta. Portar a ebullició, tapar i coure durant 10 minuts.

fideus freds

per a 4 persones

450 g / 1 lliura de fideus d'ou

5 ml / 1 culleradeta de sal

15 ml / 1 cullerada d'oli de cacauet

225 g de brots de soja

225 g / 8 oz de porc rostit, picat

1 cogombre tallat a tires

12 raves tallats a tires

Bullir aigua, sal i afegir la pasta. Torneu a bullir i deixeu-ho coure uns 10 minuts fins que estigui tendre però encara ferm. Escórrer bé, esbandir amb aigua freda i escórrer de nou. Regar amb oli i posar en un plat de servir. Col·loqueu la resta d'ingredients en plats al voltant dels fideus. Als visitants se'ls ofereix una selecció d'ingredients en petits bols.

cistelles per a fideus

per a 4 persones

225 g/8 oz de fideus prims d'ou

sal

oli per fregir

Cuini la pasta en aigua bullint amb sal segons les instruccions del paquet. Assecar bé. Col·loqueu diverses capes de paper de cuina en una safata de forn, hi esteneu els fideus i deixeu-ho assecar durant diverses hores. Cobriu l'interior d'un colador mitjà amb una mica d'oli. Esteneu una capa uniforme de fideus d'uns 1 cm/¬Ω de gruix en un colador. Cobriu la part exterior del tamís més petit amb oli i premeu-lo suaument en el més gran. Escalfeu l'oli, poseu-hi dos filtres i fregiu-los durant 1 minut aproximadament fins que els fideus estiguin daurats. Traieu els filtres amb cura, passant un ganivet per les vores dels fideus si cal per afluixar-los.

creps de macarrons

per a 4 persones

225 g de fideus d'ou
5 ml / 1 culleradeta de sal
75 ml / 5 cullerades d'oli de cacauet (cacauets).

Bullir aigua, sal i afegir la pasta. Torneu a bullir i deixeu-ho coure uns 10 minuts fins que estigui tendre però encara ferm. Escórrer bé, esbandir amb aigua freda, escórrer i esbandir amb aigua calenta. Barrejar amb 15 ml / 1 cullerada d'oli. Escalfeu l'oli restant. Afegiu els fideus a la paella per fer un pancake més gruixut. Fregiu fins que estigui lleugerament daurat al fons, després gireu i fregiu fins que estigui lleugerament daurat però suau al mig.

www.ingramcontent.com/pod-product-compliance
Lightning Source LLC
Chambersburg PA
CBHW070404120526
44590CB00014B/1257